Secretos De Grandeza, Que Te Ayudara a Tener Libertad Financiera

En este libro aprenderás los secretos y verdades cosas que tienes que hacer y realizar, qué cosas te están manteniendo en tu misma situación financiera. Aprenderás a generar ganancias, además de ayudarte a emprender y superarse. Además, aprenderás a generar ingresos activos y pasivos, lee este libro hasta al final para que aprendas a diversificar tu dinero para ganar entre otros secretos que aprenderás dicho esto empecemos.

decide ser exitoso(a) o líder bienvenido, ser exitoso es quizás el sueño de todos, los seres humanos pero muy pocos quizás, logran alcanzar este sueño y no es por, falta de capacidades o talentos sino por falta de decisión y convicción de lo que realmente desea, otmán dino dijo una vez en verdad la, única diferencia entre los que han fallado y los que han tenido éxito. Radica en la diferencia de sus hábitos, los buenos hábitos son la clave de todo, éxito los malos hábitos son la puerta abierta al fracaso, por lo tanto, la primera ley que obedeceré que precede a todas las demás.

Es que formaré buenos hábitos y me convertiré en su esclavo, el ser exitoso no es una tarea compleja quiero que te saques eso de tu cabeza y quiero que de ahora en adelante repitas la siguiente frase o afirmación a cada momento y a cada instante, es más fácil triunfar que fracasar, lo que realmente aleja a las masas del éxito es la indisciplina es la carencia de auto-disciplina. Es decir, esa, capacidad de realizar los hábitos correctos aun cuando tú no tienes ganas de hacerlos esto es lo que divide a la mayoría de la población de las personas que logran todo lo que se proponen.

Si usted cambia constantemente sus metas y sus planes será extremadamente difícil lograr un éxito sobresaliente en la vida, todos sabemos que el éxito requiere un, trabajo duro y constante, y cuando cambiamos constantemente el, esfuerzo o el plan de acción nunca, funcionará para nosotros y el éxito se, hará cada vez más esquivo, eso nos quiere decir que si queremos tener éxito en la vida tenemos que tomar el compromiso de enfocarnos de ser, consistentes de ser disciplinados de ser persistentes y siempre estar orientados a nuestras metas y objetivos más profundos en la vida. Escucha atentamente esto que te voy a decir el lugar donde te encuentras ahora lo que tienes actualmente y en quien te has convertido es el resultado de cada decisión que has tomado en tu vida.

Si no estás satisfecho con la situación tal vez se deba a las muchas veces que no tomaste ninguna iniciativa o dejaste que otras personas o circunstancias se encargarán de las cosas y simplemente elegiste es la manera fácil ser neutral y no tomar ninguna acción pero lo más importante no es eso lo más importante es que tú puedes cambiar no solamente esa persona que eres ahora sino también a dónde te vas a encontrar, en los próximos años y que vas a tener, en los próximos años, pero la decisión no es mañana la, decisión es ahora, tu presente forma tu futuro ,no es importante ahora el pasado enfoquémonos, en el presente en él ahora es hora de tomar decisiones para cambiar nuestra vida y tu líder que estás prestando atención , el día de hoy que quizás estás en una situación complicada difícil en la que tú quizás no ves la luz es momento de decir oye yo si lo puedo hacer yo si lo puedo lograr yo soy hijo de Dios y por eso tengo el poder para sobresalir ante cualquier adversidad circunstancia o problema negativo.

Es el momento de hacer un cambio y dejar ir toda esa falta de decisión en nuestra vida usted es el único que puede cambiar cómo afrontar las circunstancias y los logros en su vida usted tiene la asombrosa capacidad de crear todo aquello que imaginé y tener la vida que tanto desea, solo tienes que tomar la decisión de ir por ello y lograr el éxito que tanto deseas, lo más impresionante de decirte que lo, puedes hacer es que lo puedes lograr en todas las áreas que tú quieras tú puedes, tener el sitio económico pero también puedes tener éxito en el amor, puedes tener éxito en la parte profesional en todas esas partes, puedes tener éxito a la vez si así te lo propones no tienes por qué limitarte a escoger, sólo una cosa tú puedes hacerlo y tenerlo todo tomar la decisión de cambiar es un paso crucial en su camino hacia el éxito ya que todo comienza en ese punto donde te sientes insatisfecho con tu actual, puesto de trabajo con tu vida con tu, relación con tu situación financiera pero también con tu cuerpo con tu estado actual espiritual y quieres hacer algo, para cambiar eso incluso solo haciendo, esto te pone unos pasos por delante de aquellos que temen incluso a confesarse a sí mismos que no les gusta la vida que están viviendo, el éxito es fácil quiero que incrusta eso en lo más profundo de tu mente el éxito es fácil yo lo puedo lograr si, otras personas han logrado tener éxito yo también lo puedo hacer porque tengo las mismas potencialidades porque tengo una mente poderosa porque tengo una, mente millonaria una vez que te decidas por algo te vuelves imparable nadie puede ir en contra de tu enfoque no importa las personas que te digan que no puedes ,que tú no sirves para ser rico o que tú naciste para ser un fracasado cuando tú estás enfocado ti nunca escuchas esas personas y harás lo necesario lo que sea necesario para lograr tu meta .

 Esto requiere que se decida una absoluta certeza y convicción de hacer lo que sea necesario para hacer realidad tu visión tu meta o tu sueño, si quieres ser imparable si quieres alcanzar tus metas más rápido dejas de ponerte excusas y empieza a tomar decisiones si tuvieras hambre y no tuvieras dinero harías lo que fuera necesario para alimentarte y alimentar a tu familia verdad o jugar y hacer las cartas de la víctima no puedes ser una víctima o un vencedor o un ganador puedes decidir hacerlo o puedes tomar la decisión de no hacerlo pero lo que yo te digo es que es más inteligente, tomar la decisión de ganar siempre esto para sobresalir del resto de la **humanidad** como dice el escritor y conferencista Bryant Racing las personas con metas escritas logran mucho más en un periodo de tiempo más corto que lo que las, personas sin ellas podrían imaginar, entonces decide te escribe y, comprométete con tus sueños plasmados en un papel y cada día revisa los lelos.

Ellos darán el impulso necesario para lograrlos esto es todo por hoy líder espero que te haya puesto a pensar o meditar de las acciones que se toman para cumplir las metas. bien ahora cuales son las preguntas de porque no nos superamos y cuáles son las soluciones para lograr y alcanzar el éxito es la superación personal seguro nos hemos visto en algún caso empujados a enfrentar una situación en la que no estábamos plenamente seguros de si seríamos capaces de superarla o no.

Tenemos la sensación de que algunas cosas que quizás necesitaríamos para poder superar la situación no estaban plenamente desarrolladas por nuestra parte podremos no podremos y a pesar de esta duda de esta incertidumbre pues nos hemos lanzado a ella bien porque no nos queda otro remedio o bien porque hemos decidido proactivamente dar este paso hacia adelante y cuando nos hemos sumergido en esa situación nos hemos encontrado en medio del desafío y estar en mitad del desafío.

Nos ha hecho estirarnos como seres humanos, hemos necesitado desplegar diferentes recursos que estaban dentro de nosotros latentes probablemente no están del todo desarrollados, la situación ha provocado de alguna forma que invirtiéramos esfuerzo y atención en desarrollar desplegar en mayor medida esas capacidades y al desplegar las nos hemos transformado porque algo que estaba en modo latente la situación ha hecho que hayamos tenido que, a hacerlo florecer y en eso probablemente consiste en la superación personal no solo muchas veces en conseguir un determinado resultado porque seguro que si miramos tú y yo nuestro pasado, encontraremos situaciones en las cuales a lo mejor no hemos conseguido el resultado que nos hubiera gustado conseguir y sin embargo sí que hemos crecido como personas sí que nos hemos superado en ciertos ámbitos de nuestra vida sí que ha habido cambios que luego se han sostenido y nos han acompañado y nos han dado más posibilidades de enfrentar retos similares o incluso a veces mayores porque superarnos personalmente vale esto va de enriquecer nuestra vida con nuevos recursos nuevas capacidades ampliar nuestras posibilidades y desarrollar nuestro, potencial ese potencial que hace que cuando nos estiramos como seres humanos, experimentemos una sensación de satisfacción y plenitud que hace que atravesar la situación incierta y a veces incómoda consideremos que ha merecido la pena que ha merecido la pena y de eso a la superación personal de ir ampliando nuestros propios límites en la vida lo que sí es verdad es que te habrás dado cuenta que al otro lado de la superación personal y la satisfacción que ello supone el miedo y la satisfacción que sentimos cuando nos superamos normalmente suele ser inversamente proporcional al miedo que sentimos antes de enfrentar la situación, que nos desafía así que crecer y superarnos tiene mucho que ver también con enfrentar nuestros propios pero bueno si quieres saber más cosas, acerca de cómo crecer y cómo desarrollarse personal y profesionalmente y superarte en tu vida (es conocerse a uno mismo) ¿qué es lo que he realizado para cumplir mis metas?¿que estoy haciendo con mi tiempo? ¿seguiré lo que dicen los demás?, son las interrogantes y hay más que con el pasar se solucionar y como se solucionara es con el auto conocerse, ahora bien, viene otro factor importante que te ayudara a solucionar estos conflictos. Tienen que invertir en sí mismo para tener éxito todos los, recursos de autoayuda que existen, mencionan algo que una inversión en uno mismo paga los mejores dividendos pero cuántas personas realmente entienden cómo hacer esto, bienvenidos a hábitos para una vida feliz el lugar donde vienes a imaginar visualizar y crear hábitos para una vida feliz, continuamos nuestra misión de desglosar y regalar información altamente costosa de forma gratuita lo creas o no la gente paga miles de dólares para que los gurús les digan cómo ser la mejor versión de sí mismos nosotros ya pasamos por todos los consejos le sacamos lo innecesario y hemos hecho nuestra propia lista aquí está la mejor manera y más real de invertir en ti mismo si realmente deseas cambiar tu vida y mejorarla.

Número **1.-** Leer para crecer honestamente lo más accesible que puedes hacer para el crecimiento y la inversión a largo plazo en ti mismo es aprender a leer, para crecer la gente no lee libros porque sus maestros los obligaban a leer libros aburridos y como consecuencia se apartaron de ello y también hay una asociación con la tarea y la verdad es que todos nos quejábamos de tener que hacer la tarea la escuela te hizo odiar la herramienta más valiosa para invertir en el crecimiento personal la mejor estrategia para adquirir el hábito de la lectura es leer lo que te encanta leer, hasta que te guste leer y si no te gustan los libros bueno puedes escuchar, audiolibros.

Número **2.** -Habla con la gente y encuentra un mentor habla con gente con mucha gente de diferentes orígenes e ideologías cuanto más te expongas a diferentes tipos de pensamientos más entiendes el mundo que te rodea más a menudo la gente vive en lo que llamamos, burbujas y biológicas si sales con las personas que son muy similares a ti que viven cerca de ti consumen el mismo contenido que tú que piensan de la misma manera que tú, votan de la misma manera que tú bueno. Básicamente estás creando una cámara de eco donde tus ideas se redirigen hacia ti el problema es que el crecimiento ocurre sólo cuando te expones a nuevos conceptos el crecimiento corre cuando tu asimilar el conocimiento nuevo o el antiguo es reemplazado por otros mejores en tu búsqueda por hablar con peso interesantes algunas personas se convertirán en una luz que te guiará para tu futuro. Elige a uno de ellos para que se convierta en tu mentor si estás buscando invertir en tu crecimiento personal entonces debes de encontrar un mentor que esté abierto a guiarte a través de este viaje que es la vida es la mejor inversión que puedes hacer.

Número **3.-** Hacer amigos tus amigos y tus conocidos son tu propia red de seguridad personal y profesional ya lo hemos dicho, en muchas ocasiones su patrimonio está directamente relacionado con las personas que tú te relacionas cuanto mayor sea la calidad de tus conexiones más rico serás en la vida. Fuera de las razones profesionales y financieras para establecer contactos que se vea de la vida .Si la pasa sin compartirla con las personas que realmente te importan la felicidad de otras personas se convertiría en tu felicidad, hemos visto esto en innumerables ocasiones y la persona que no tiene amigos, carece de una gran pieza de este rompecabezas al cual llamamos vida, invierte en amistades de calidad, algunas veces esto quiere decir que tendrás que invertir tiempo, así que llámalos inmediatamente e invierte tiempo en ellos, para algunas personas podría significar invertir dinero u otros recursos darle vida a una amistad requiere trabajo si tus amistades se han desvanecido es porque ninguna de las partes convirtió el invertir en la relación una prioridad y ambas partes al final están peor por ello.

Número **4**.- Viajar a lugares lejanos, este punto amplía los dos anteriores en nuestra, experiencia cuanto más lejos de viaje más cambia tu comprensión del mundo. De la mejor manera posible ,10 horas de viaje en un avión y la forma en la que la gente ve la vida cambia el karma entra en juego o tal vez un tipo diferente de educación costumbres y tradiciones cuanto más lejos viajas menos egocéntrico te vuelves. Te das cuenta de que hay un mundo entero allá afuera que está sucediendo desde siempre, sin saber o sin importarle que tú existes en el momento en que descubres esto se convierte en una gran experiencia de vida. Viajar es una de esas pocas cosas que cuando gastas dinero te hace más rico así que abraza los viajes, haz que sea una prioridad ver lugares de difícil acceso incluso con la situación de covid-19 que tenemos sobre nosotros, no seas un turista, un viajero o nunca aprenderá sobre el país que estás visitando en un Starbucks o en un McDonald's, abraza la cultura y te permitirá moldear tu identidad y serás, más rico gracias a eso.

Número **5**.-Tomar cursos para desarrollar tus habilidades la mejor inversión que puedes hacer es en ti mismo y es adquiriendo nuevas habilidades en la vida las habilidades son como herramientas para la calidad del resultado del potencial de tu vida son herramientas valiosas que puedes poner a, trabajar lo mejor de aprender nuevas, habilidades es que nadie puede quitarte, las es por eso que siempre recomendamos, aprender los fundamentos básicos en, lugar de la última técnica llamativa y, esta ha sido una piedra angular de, nuestro canal cada vídeo que hacemos, cubre una habilidad fundamental para, vivir una mejor vida y la habilidad más, valiosa que nos ha permitido tomar, mejores decisiones estratégicas y tener, el control de nuestras emociones sin, duda es la meditación y en el futuro, compartiremos los mismos métodos que, usamos en algunos vídeos en nuestra, opinión el mejor curso es el que te, puede dejar algo que puedas usar por, el resto de tu vida una vez que tú, instales una de estas habilidades en tu, sistema ahora siempre tendrás esa, herramienta a tu disposición para, aquellos de ustedes que piensan que los, cursos son costosos ya que hoy en día, todos los contenidos están disponibles, por todas partes tú realmente no estás, comprando el contenido estás ganando, tiempo y experiencia tenemos esta, opinión que es brutal y honesta y que, dice así tu vida es barata porque crees, que invertir en ti mismo es caro si, crees que invertir 15 dólares en un, libro o 250 dólares en un curso es, demasiado dinero entonces todavía no, estás preparado para comprender el retorno de inversión si obtienes tan solo una idea de un curso o de un libro, puedes ganar decenas cientos o miles de dólares por eso nunca hemos tenido miedo de gastar en cosas que sabemos que agregan un valor recurrente a nuestra vida.

Número **6**._Entender cómo realmente construir salud en tu vida, las personas descuidan la salud cuando son jóvenes porque no entienden lo siguiente la negligencia de la salud es una factura que llegará en el futuro, sabes que siempre hablamos de negociar con el futuro para el beneficio personal, la salud puede funcionar en ambos sentidos la mayoría de la gente se aleja del futuro y usa esa salud en él presente cuanto más te desarrollas más comprendes el retorno de la inversión de la buena salud del buen sueño de la diferencia entre correr al 95% de la capacidad cerebral frente a los hombros que red Bull te dio a las tres de la mañana invierte tiempo y dinero en aprender sobre la nutrición el cuerpo y luego invierte esfuerzo y dinero para asegurarte de que estás cosechando todos los beneficios de este conocimiento.

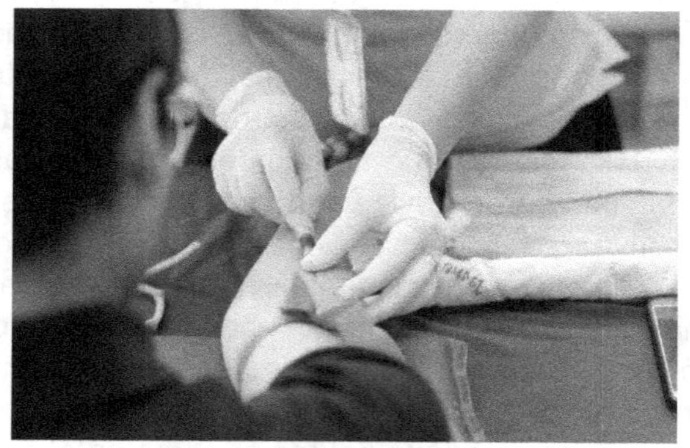

Número **7.** _ Mejores equipos y herramientas, de todo en esta lista esto es lo más sencillo comprar mejores herramientas que te permitan uno aumentar la calidad de tu trabajo o dos que te ayuden a hacer tu trabajo más rápido al principio en el viaje al éxito al menos el 70% de tus ingresos residuales deben reinvertirse en equipos que estén directamente relacionados con la generación de más dinero. Porque estas son cosas que necesitas comprar una sola vez y luego estar listo para comenzar a generar más dinero en algún momento tendrás todo lo que necesitas y estas herramientas se pagarán solas a corto o mediano plazo no tengas miedo de gastar más en cosas que te generen dinero no sólo son un gasto deducible, sino que no puedes permitirte perder el tiempo solucionando problemas que pueden ser resueltos simplemente.

Número **8.**_ aprender un nuevo lenguaje, aprender un nuevo idioma mejora inmediatamente tu valor dentro del mercado de trabajo obtendrás mejores trabajos o mejores ofertas gracias a esto pero esto no es todo cuando estás aprendiendo un nuevo idioma tu cerebro se está expandiendo estás aprendiendo cultura estás aprendiendo nuevas estructuras que tienen resultados recurrentes a lo largo del tiempo y no perjudica a tu círculo íntimo que aumentes de valor debido a esta nueva ocasión ir a un restaurante y pedir en otro idioma te dará escalofríos te dará la sensación de estar abrazado por esa nueva cultura.

Número **9.**_ Exponerte al arte y a ideas creativas con regularidad la mayoría de la gente no ve lo valioso que es el arte, creen que el cuadro es demasiado caro y que no tienen tiempo para mirar estatuas ,edificios o pinturas de todos modos porque tienen a una celebridad de televisión a la cual criticar en twitter, la creatividad crea valor y la única forma de ser creativo es ejercitar tú músculo de la creatividad conecta puntos de manera diferente aprende acerca de diferentes enfoques fuera de la familia el arte y la belleza son probablemente nuestra actividad favorita el arte, debería de inspirarte debería hacerte pensar ,debería hacerte cuestionar las cosas te dirá más sobre ti es por eso que deberías convertir en un hábito en encontrarse cara a cara con la creatividad en cada oportunidad que tengas hay dos programas geniales en netflix que definitivamente deberías ver ,si esto despertó el interés en alguno de ustedes, 1 abstract el arte del diseño es algo fenomenal que habla de nuestro lado creativo y los chefs table somos grandes amantes de la comida pero la creatividad y la narración de historias a través de la comida es lo que nos atrapó donde más obtienen este tipo de tareas donde te mandan a red netflix .

Número **10.**_ Limpia tu imagen, invertir en ti mismo significa darte acceso al mayor número de oportunidades, todos juzgamos a las personas por su apariencia pero podemos evitarlo y tus perfiles de las redes sociales son la ropa de tu nuevo closet digital, probablemente te estés mintiendo a ti mismo si crees que esto no te afecta, limpia tu Facebook has algo de limpieza sobre tu imagen y las oportunidades comenzarán a aparecer en tu camino ahora empieza a cuidarte mejor aprende sobre fitness sobre imagen personal higiene personal y se convertirá en una bola de nieve que seguirá rodando cuesta abajo a tu favor.

Número **11.**_ crea una fuente de ingresos separada que no dependa de ti, este es el, único punto dedicado a lo financiero de esta lista aunque todo lo que mencionamos está indirectamente relacionado con el dinero y que te llevará a ganar más dinero a largo plazo, esta es la verdad nunca serás rico a menos que tengas múltiples fuentes de ingresos, puedes ganar algo de dinero con tu trabajo y que esté muy bien remunerado o trabajando duro en tu negocio pero la riqueza proviene de fuera del trabajo, cuánto estás ganando si no estás trabajando de verdad responde por ti mismo, el darte cuenta de que no estás ganando mucho fuera de tus esfuerzos inmediatos ,debería golpearte como un costal de ladrillos en la cara, estás aquí porque quieres saber cómo invertir en ti mismo, bueno invierte tu dinero para no tener que trabajar por dinero el consejo más antiguo del libro es dejar que el dinero trabaje para ti en el momento en que pueda generar una segunda fuente de ingresos que sea pendiente de ti tu vida cambiará. Puede que no sea mucho, pero si lo haces bien, estará ahí para quedarse, lo más importante es que no depende de ti para generar más ingresos de lo contrario acabas de conseguirte otro trabajo.

Número **12** ._Enseñar algo si quieres, dominar algo enseñárselo a otros y ¿por qué?, porque te obliga a relacionarlo de una manera que es fácil de comprender y poder seguir el aprendizaje que se detiene en el momento en que empiezas a memorizar en lugar de aprender fórmulas y párrafos palabra por palabra el aprendizaje debe basarse en la comprensión cuando le estás enseñando algo a alguien te obligas a asegurarte de tener un buen manejo del tema ,en cuestión para que puedas transmitir el conocimiento en el proceso tú mismo, estás obteniendo mucho valor porque la información que estás enseñando se consolida en el palacio de la sabiduría, que es tu cerebro.

Número **13.**_ Optimiza tu entorno esto tiene dos claras ventajas ,1 administración del tiempo ya no pierdes el tiempo averiguando dónde están todas tus cosas o qué se supone que debes hacer a continuación ,2 incremento de la eficiencia los espacios bien organizados te permiten hacer más cosas más rápidamente incluso si no sigues un enfoque exagerado de ello en tu vida la idea de tener las cosas organizadas es algo con lo que la mayoría de los jóvenes están luchando lo malo es que algunas personas nunca se deshacen de esto en toda su vida viven en un entorno constante dominado por el caos la felicidad el éxito y la sensación de calma vienen como resultado de que te pongas orden en el caos de tu mundo, puedes comenzar optimizando tu entorno inmediato y expandiendo lo hacía tus otros entornos.

Número **14.**_Vende algo esta es una pieza importantísima ,sobre una de las formas más valiosas de invertir en ti mismo sin duda una de las mejores formas de crecer es tratando de vender algo en este tipo de ejercicio debe reunir tantas habilidades que tu crecimiento personal, se acelera debido a ello vender es una de esas habilidades fundamentales que nos encanta hacer, todo el tiempo y como con todo cuanto más lo hagas mejor te volverás cuando estableces su objetivo de vender algo tienes que averiguar qué vender a quien venderle cómo comunicarte con el comprador potencial y averiguar cómo entregar y cerrar el trato todos estos pasos se pueden trasladar a otras partes de tu vida por lo que practicar la venta es una de las mejores inversiones que puedes hacer en ti mismo.

Número **15.** _ Practica la introspección y deja de decir que si a todo. Lo que no te sirve este se trata de invertir tiempo, en ti mismo he aquí porque la introspección es una de las habilidades más valiosas que hemos desarrollado a lo largo de los años se relaciona con la meditación, pero no sólo eso todos llevamos un montón de problemas sobre nosotros ,el objetivo de la introspección es que tú resuelva los problemas del pasado uno por uno ,hasta que un día cuando todo lo que tenga que preocuparte o estresarte sean los problemas que tienes entre manos este es un paso fundamental hacia la felicidad .No tener que preocuparse por las anclas del pasado ,es la luz de la libertad, puedes imaginarte llegar a un punto en tu vida en el que todas tus, preocupaciones se reduzcan a algo trivial ,pues deberías el paso adicional a esto es no traer nuevos problemas, algunos de ustedes dicen sí a las cosas que saben que no quieren hacer y la gente se aprovecha de eso y los lleva a una vida más miserable, que no se merecen dejes de hacer esto deja de vivir para otras personas y empieza a pensar en lo que quieres de la vida para ti invertir en ti mismo.

Significa tomar en serio todas estas cosas que hemos mencionado y seguirlas, porque comprendes y puedes ver que tienen un beneficio e impacto directo en tu existencia, lo que nos hace preguntarnos cuántos de estos 15 puntos persigues activamente. Invierte tiempo, antes de invertir dinero hasta que tengas suficiente dinero para invertir y ganar tiempo, este es uno de esos conceptos que ha regido toda nuestra vida al crecer en la pobreza no teníamos mucho para invertir pero a todos nos dan la misma cantidad de tiempo así que dedicamos todo el tiempo posible a cosas que tenían el potencial de llevarnos al punto donde podríamos ganar tiempo con el dinero que habíamos ganado a continuación presentamos un punto profundo que queremos transmitirles a todos ustedes si tienes que elegir entre invertir dinero e invertir tiempo, invierte siempre el dinero, porque probablemente se te acabe el tiempo.

De que te quedes sin dinero sabemos que esto puede parecer difícil de comprender al principio especialmente si estás al principio de tu viaje pero mantén esa alegría en tu mente y un día aparecerá de sorpresa y las cosas encajarán para ti esto no se verá bien en los ojos de los demás ,porque ellos no saben que en realidad estás ganando tiempo, todo lo que hemos mencionado está destinado a ayudarte, a todo el mundo le encanta hablar sobre el retorno de la inversión e incluso el retorno del tiempo pero queremos plantear la siguiente pregunta ¿cuál es el retorno en ti?. Nadie puede hacerte rico, nadie puede ponerte en forma, nadie puede hacerte inteligente no son ellos eres tú ,es la pasión el hambre y el deseo lo que te canaliza para él cambio tú eres el que genera un retorno positivo en tu vida, cuanto más valioso seas como individuo cuanto más inteligente ,saludable y creativo serás y mayor será tu retorno en Ti, porque cuando todas las cosas se juntan eres tú, quien crea el valor invierte dinero en ti mismo .Para que ya no tengas que invertir tiempo utiliza la métrica de retorno de inversión para medir su impacto, si has llegado hasta aquí queremos aprovechar esta oportunidad y decir, realmente esperamos que hayas encontrado al menos una pieza de información que cuando la apliques tu vida sea mejor si la idea de quedarte sin tiempo para superarte te asustó y estás buscando aumentar el retorno en ti, escribe retorno en ti. Una gran parte del éxito financiero, está determinado por como tú gastas tu dinero. No es tu salario lo que te haces rico, son tus hábitos de gasto puede que ganes un millón de dólares al año, pero si gastas dos millones obviamente vas a entrar en bancarrota a continuación.

Voy a compartir contigo siete cosas que nunca debes hacer con tu dinero hacer cualquiera de estas siete cosas son en mi opinión una locura, dado que inevitablemente te causan estrés financiero. No te vas a querer perder especialmente el número siete:

Primera cosa que nunca debes hacer con tu dinero es la siguiente, no debes utilizar comprar como terapia, todos los seres humanos tenemos una meta en común queremos ser felices desde el ejecutivo más exitoso, hasta el vagabundo que te pide dinero, porque desea tomarse otra cerveza todos queremos sentirnos bien para con las personas comprar especialmente cuando es en fechas selectas como fin de año, cumpleaños, etcétera. Puede ser abrumador pero para otras personas comprar ,puede parecer una manera de liberar el estrés la empresa americana crédito card, más recientemente encuesta a 1000 adultos y descubrió que muchos consumidores han comprado impulsivamente para aliviar los sentimientos de estrés o ansiedad más de la mitad de los encuestados 52% confesaron, que habían practicado el ir de compras como terapia al menos una vez con la facilidad de comprar que nos da el internet, hoy en día ni siquiera se necesita salir de casa para experimentar esa emoción de una compra esto te puede llevar a una adicción (la adicción a las compras), la adicción a las compras se refiere al deseo compulsivo de comprar cosas, aunque éstas no sean una necesidad, al igual que la adicción al trabajo ,esta adicción es relativamente nueva y es generada por una sociedad de consumo, en la que vivimos actualmente ,también se le llama la enfermedad invisible, porque puede pasar desapercibida como un simple capricho ,mientras que por el contrario el comprador compulsivo se encuentra bajo una depresión profunda. Esta enfermedad se da mayormente en las mujeres y jóvenes los adictos ,consideran el consumo como una forma de hallar la felicidad ,pero al comprar empiezan los sentimientos de culpa por el gasto indebido, en el caso de no poder ir nuevamente para calmar esta ansiedad, caen en una depresión generando un círculo vicioso la compra compulsiva es una necesidad incontrolada ,que si no es satisfecha te hace sentirte irritable, el placer de comprar se transforme en una adicción, cuando se compran cosas que supuestamente son necesarias y luego te das cuenta que no lo son, pero igualmente las quieres ,el adicto compra productos los cuales probablemente nunca le de uso y muchas veces se los ocultas a sus familiares, generando situaciones de engaños ,deudas y las causas pueden ser muy variadas, pueden ser que no se sientan satisfechos personalmente puede ser una sensación de aburrimiento depresión son vulnerables hacia la publicidad consumista. También puede ser que sean impulsivos que sufran de ansiedad que tengan baja autoestima, desconfianza e inseguridad la situación se empeora cuando se disminuyen dos barreras a la hora de comprar permíteme te explico, primera barrera anterior a 1950 solamente podrías comprar en lugares con efectivo y estamos hablando de lugares físicos ,hoy en día te puedes mover por la vida sin llevar ni un solo billete o moneda en el bolsillo, gracias a las tarjetas de crédito de plástico con el que en la actualidad, puedes pagar en cualquier lugar pero debes saber que antes no era así, el origen de las tarjetas de crédito lo encontramos en 1914, cuando la compañía americana western unión ofrece una tarjeta ,solo para sus clientes selectos era como de uso interno, pero de manera popular la tarjeta de crédito fue inventada por Alfred bloomingdale y Frank Mcnamara en 1950. Todo empezó cuando ellos estaban disfrutando de un almuerzo, ya llegará la hora de pagar por esta comida ,Frank se dio cuenta que no tenía dinero en efectivo ,así que tuvo que llamar a su esposa, para que le trajera dólares para poder cubrir estos gastos aquella embarazosa situación hizo que comenzaran a idear una red de varios restaurantes, para evitar la preocupación de cargar con efectivo todo el tiempo y así fue como nació el dinero cloud que fue la primera compañía de tarjetas de crédito.

Las personas que estaban en este club y utilizaban esta tarjeta, eran mayormente hombres de negocios y millonarios, entonces en 1958 pasó lo siguiente John Williams gerente de bank of América, decidió entregar 60.000 tarjetas de crédito a 60.000 habitantes fresno california las personas empezaron a utilizarlas y al segundo año de tenerlas ya se habían gastado más de 59 millones de dólares utilizando estas tarjetas, este hecho anterior hizo que las tarjetas de crédito dejarán de ser un artículo exclusivo y que con los años su uso siguiera extendiéndose, hasta llegar al sistema que conocemos hoy en día la segunda barrera fue el comercio electrónico 1987 ,fue un año decisivo para la tecnología y también para el comercio electrónico, más adelante apareció un nuevo servicio de estrellas que resultó ser la innovación más importante la world wide web, la web fue creada por el inglés tim berners-lee mirage ,trabajaba en suiza este método de transmisión de información entre computadoras cambiaría por completo la forma de comunicarse y también de comercializar luego a finales de los 90, con la internet funcionando el comercio electrónico creció como nunca, exclusivamente dedicados a esta actividad tales como eBay y Amazon los cuales se mantienen cooperativos y en pleno crecimiento hasta el día de hoy, el último paso que consolidó el comercio electrónico pasó en 1995 cuando los integrantes del g-7 g-8 ,la iniciativa de un mercado global para pymes, está plataforma tenía el objetivo de aumentar el uso del ecommerce o el comercio electrónico entre las empresas de todo el mundo y sabes que funcionó hoy en día si quieres comprar puedes hacerlo desde tu cama sin ni siquiera tener que pararte ,solo entrando un sitio web seleccionando un artículo y dando click en comprar y listo ,esto promueve mucho en comprar cosas sin necesidad. Especialmente cuando el mensaje de marketing nos llega al corazón, el problema es que un pequeño impulso de compra aquí ,guau ya no parece tan dañino, pero la encuesta a la compañía credit karma reveló que aquellos que compraron por impulso para supuestamente reducir los sentimientos de estrés depresión y ansiedad de estas personas el 53 por ciento, admitieron comprar artículos con tarjetas de crédito porque no tenían cómo pagarlo en efectivo ,esta deuda crea un ciclo de estrés vergüenza y miedo a pesar de la tendencia minimalista.

La tentación de comprar como terapia, parece ser mayor para los milenios, el 68% de los milenios dijeron que han tenido estrés, debido a las compras en el pasado en comparación con sólo el 26 por ciento de los baby boomers, entonces qué puedes hacer para evitar comprar como terapia, bueno tres cosas vas a querer hacer.

Número uno de ser posible no uses tarjetas de crédito para pagar por tus compras, trata de usar el efectivo o tarjetas de débito siente la energía del dinero cuando sale de tu cartera lo tocas con tus manos y pagas por esa compra esto no se experimenta, cuando usas una tarjeta.

Segunda cosa que vas a querer hacer es evaluar tus motivos a querer comprar cualquier cosa, analiza si lo estás haciendo con estrés deprimido, con hambre con sueño, etcétera. Trata de analizar este momento actual pregúntate, estoy comprando solamente esto para aliviar mi estrés, estoy a punto de alimentar esa maquinaria viciosa de comprar por emoción, para luego sentirme mal analizar estas cosas te puede traer al presente y hacerte reflexionar.

Tercera cosa que vas a querer hacer y esto me ha funcionado a la perfección, es date 30 días para evaluar una compra, aun cuando estés usando internet para comprar date 30 días para ver si algo que vas a comprar, vale la pena luego de 30 días. Si realmente necesitas hacer esa compra, entonces hazlo en mi experiencia 90% del tiempo termino no comprando el artículo, porque luego de 30 días no me hace falta.

Segunda cosa que nunca debes hacer con tu dinero es comprarte un auto nuevo, acabas de graduarte y ya tienes tu primer trabajo, primero que nada, felicidades y te puedes preguntar ¿ahora que sigue?, puede que te estés preguntando. Si es buena idea comprarte un auto nuevo, hablemos de las razones por la cual comprarte un auto nuevo no es una buena idea desde un punto de vista financiero, para muchas personas un auto puede ser esencial ya que deben moverse por toda la ciudad. Pero no necesariamente un auto nuevo no es pues destruir los sueños de nadie, pero aquí estamos hablando de lo mejor desde el punto de vista financiero, de hecho, los beneficios de comprar un auto usado sobrepasan por mucho la compra de un carro nuevo y aquí voy a compartir contigo las razones para evitar comprar un carro nuevo, en primer lugar, un auto nuevo, no es más que un lujo. Si así es por definición un lujo, es aquello que no es estrictamente necesario, si no lo sabías la segunda compra más grande e importante que hacemos en nuestra vida después de comprar una casa. Sería comprar un automóvil ,pero a diferencia de las casas que generalmente con los años incrementan su valor ,los vehículos lo van perdiendo, primero que nada tenemos la depreciación los automóviles nuevos, tienen un 70 por ciento de su valor en los primeros cuatro años de uso, para que tengas una mejor idea de lo que te estoy diciendo y lo que sucede financieramente ,cuando compras un vehículo nuevo te invito a realizar el siguiente ejercicio conduce tu automóvil actual, el nuevo mientras lo haces vas a la ventana y lanza repetidamente billetes de 100 dólares ,procura hacer esto cada viernes parece una locura verdad, eso es exactamente lo que hacemos al adquirir un hermoso vehículo nuevo, la realidad es que el 98% de las personas, simplemente no tienen la capacidad de desperdiciar esta cantidad de dinero, en un auto nuevo. Próxima razón es precio otra ventaja de comprar un vehículo ligeramente usado es que el primer dueño ya subió el costo de la depreciación, tú en cambio tienes un excelente precio en el vehículo que sólo tiene unos años de uso y cuyo precio está muy por debajo del costo de un vehículo nuevo y ya puedo escucharte diciéndome ,pero como voy a comprarme un auto en efectivo ,cuando no tengo el dinero este es una excelente pregunta y permíteme ayudarte debes establecer una meta de la cantidad de dinero exacta que necesitas para comprarte este auto ,para evitar pedir dinero prestado debes pagar en efectivo ,debes ponerte una meta la cual vas a visualizar y ver el progreso que estás haciendo con tu ahorro, por ejemplo si quieres ahorrar mil dólares y puedes transferir esto a cualquier moneda local vas a escribir en una hoja esta meta que tienes.

Ahorrar los mil dólares para el auto y luego vas a guardar un por ciento de tu ingreso mensual y ponerlo en una cuenta de ahorros, luego en esta hoja va a apuntar cuánto estás ahorrando cada mes, para que veas físicamente cómo te estás acercando a esta meta, el monto que vas a estar ahorrando, depende de tu salario y de tu situación personal. Ahorra lo más que puedas para esta meta tuya luego a la hora de comprar; vas a querer negociar con el vendedor, para poder pagar menos por tu auto.

Si tienen un defecto mecánico o problemas con su apariencia, pide que te reduzcan el precio, luego vas a pagar por este vehículo con el dinero ahorrado y si me dices, no puedo ahorrar nada, vas a caer en dos categorías; número uno hay personas que realmente no puedan ahorrar, que esto es una realidad y te entiendo de verdad, pero hay otras personas que no pueden ahorrar, porque tienen sus prioridades torcidas. Tienes que evaluar tus gastos, priorizar lo que es importante para ti. Hay una frase de obra que me encanta que dice lo siguiente: puedes tenerlo todo, pero no al mismo tiempo, si te compras un nuevo iPhone cada vez que sale, unos nuevos Nike y cada vez que ves un comercial y vas a cada concierto de tu artista favorito, entonces te va ser muy difícil ahorrar. A diferencia de lo que se transmite en ese vídeo de trap no somos el auto, que manejamos, si quieres ver la profundidad de un estudio que hicieron sobre los hábitos de compra de carros en los millonarios.

Tercera cosa que nunca vas a querer hacer con tu dinero es utilizar las ofertas del 0% para comprar muebles, televisores, etcétera, es imposible comprar algo estos días sin que te ofrezcan alguna oferta, alguna tarjeta de crédito o un porcentaje magnífico o utilicen el lema que dice igual que efectivo para básicamente referirse a un préstamo al 0% faltas, pueden parecer llamativas incluso cuando tienes el efectivo disponible, pero tienes que tener en cuenta varios inconvenientes. Siempre hay una letra pequeña, cuando se trata de préstamos, la misión de estas tiendas y estas compañías es hacer dinero si tú no cumples con tu pago o si te retrasas unos días, puede que te agreguen unos cargos elevados a tu factura, cuando se trata de comprar artículos para el hogar muebles, electrónicos, etcétera. Salte de estas ofertas del 0%, en vez de hacer esto ahorra dinero cada mes, para que puedas comprar lo que necesites con el dinero que tengas disponible, como humanos no es fácil, no pensar en el futuro y enfocarnos en el aquí y ahora. Así hemos vivido, sobrevividos por miles de años.

Cuando compras con crédito pensando que podrás pagarlo en el futuro es muy común que un día como hoy, llegue entre comillas el futuro y te encuentres al igual que hoy sin dinero para pagar, esta compra que acabas de hacer las compañías de crédito saben de esta tendencia de este error humano y aquí es donde te aplican las mil y una forma de cobrarte recargos.

Cuarta cosa que nunca vas a querer hacer con tu dinero, es utilizar garantías extendidas, las tiendas te van a querer convencer de que compres. Un plan visión de garantía extendida, pero estas compras son inteligentes ya sea que compren un automóvil o un televisor, una computadora, la mayoría de estas tiendas intentan venderte una garantía adicional, que va a reemplazar el artículo por un periodo de tiempo determinado, después que la garantía del fabricante expire, sin embargo la mayoría de las veces estas garantías ofrecen lo peor de ambos mundos una cobertura sobreevaluada y un proceso de reclamaciones que hace imposible reemplazo ¿porque? , fácil porque estas compañías de garantías existen por una razón, ganar dinero esto significa que vas a pagarles más de los que ellos te van a dar ,en lugar de pagar dinero por una garantía extendida en cambio si te da tranquilidad mental. Igual del costo de reemplazo de tu artículo, si algo le sucede a ese artículo o a ese automóvil y necesitas repararlo este dinero, que has guardado te va a ayudar para pagar un reemplazo o una reparación, esto lo puedes ver como un fondo de emergencia y si no te gusta esta estrategia siempre puedes hablar con las compañías de tarjetas de crédito, muchas de éstas ofrecen una cobertura de garantía extendida en artículos de alto precio. Algunas de las mejores tarjetas que hay disponibles hoy en día ofrecen la cobertura de manera gratuita ,esto me recuerda unas amistades que compraron unos muebles de un diseñador extremadamente caros y también le pusieron una garantía a estos muebles, pasaron unos nueve meses y con el uso diario se deterioraron y quisieron activar la garantía, para sorpresa de ellos le pusieron mil perros y actualmente están pagando unos muebles que ya tienen problemas y la garantía no les cubre; la solución de los mismos.

Quinta cosa que nunca debes hacer con tu dinero es vivir al día y no ahorrar, anteriormente sobre ahorrar y que la mayoría de personas no ahorramos y no tenemos un fondo de emergencia y esto es un gran error de ello en mi opinión ,si eres cabeza de familia es una falta de responsabilidad ,yo miro mis hijas y en ella veo dos inocentes que depende de mis decisiones y con esto en mente siempre estoy pensando en qué pasaría si la mejor solución es lo que yo llamo tener redes de seguridad, como las que usan en el circo posee un acróbata se cae estas redes te van ayudar sobre esta caída y te van a salvar la vida .

Es probable que no hayas experimentado muchas emergencias financieras especialmente de primera mano, por lo que puede que no consideres ahorrar como una prioridad ,pero puede ser golpeado por una tarifa inesperada como una factura médica o la reparación de un automóvil y si no tienes un presupuesto bien organizado esto es de bastante asegúrate de tener un salario de por lo menos unos tres a seis meses ahorrado, por si acaso si considera que te encuentras actualmente en una situación en la cual gastas más de lo que ganas y que no tienes o no encuentras manera de ahorrar ,es importante que hagas un alto y que analices tus finanzas puede ser que lo que necesites, es un cambio de paradigma ,evaluar tus aprendizajes sobre el ahorro :algunas cosas vas a querer corregir **algunos malos hábitos ,son los siguientes :**

Número uno es no saber cuántas gastas, lo que no se mide es muy difícil controlar vas a querer sumar todo, tus gastos mensuales te pueden sorprender cuánto gasta en cosas innecesarias, debes definir metas a la hora ahorrar. No se trata de trata ahorrar, si no sabes ¿por qué estás haciendo esto?

Además, no debes guardar en secreto los objetivos de este ahorro, crea un compromiso especialmente con la familia, cuando compartes el por qué estás ahorrando, porque te estás limitando y limitando otras personas en tu familia le comentas a ellos la prioridad que tienes y la importancia de este ahorro.

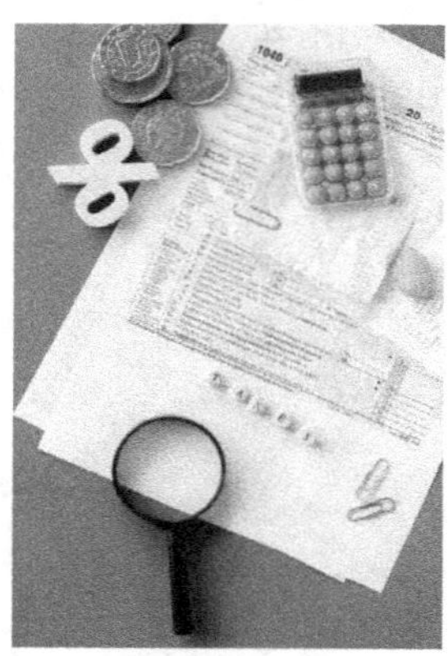

Sexta cosa que nunca debes hacer con tu dinero es invertirlo en cosas que no conoces o no entiendes, uno de los hombres más ricos mundo Warren buffet dijo lo siguiente, nunca inviertas en un negocio que no entiendes, sin embargo, el barbero te dice que entres con él en un negocio que te va a ser millonario invirtiendo 500 dólares y tú vas, sin cuestionarlo lo haces luego pasa el tiempo y no eres millonario y los 500 dólares jamás te vuelven a ver.

Mucha gente es atraída por las inversiones solamente cuando oyen decir que es algo muy rentable, pero esa forma de actuar a la larga da malos resultados para invertir en algo, no es suficiente el oír que es algo bueno rentable, el inversor tiene que tener su propio juicio sobre ese algo para decidir, si esa inversión va a ser rentable en el futuro analizar, si ha sido rentable anteriormente, etcétera.

Cuando no conocemos un tipo de inversión determinada debemos darnos cuenta de que hay mucha gente que sí conoce y estamos en desventaja frente a ellos, la enseñanza más importante de esta frase es que a la larga la prudencia da muchos mejores resultados que la inversión no planificada, porque la prudencia nos hace perder algunas buenas inversiones, pero nos hará evitar grandes pérdidas que son las que dañan de forma.

Seria al inversor el mismo Warren buffet, por ejemplo, no invierte en empresas de tecnologías, porque dice que no las conoce suficiente como para invertir dinero en ellas.

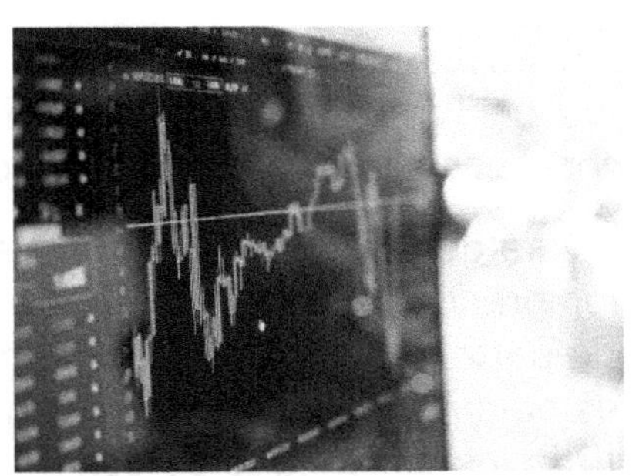

Séptima cosa que nunca debes hacer con tu dinero es tratar de impresionar a las personas, tratar de impresionar a las personas es un movimiento financieramente destructivo y tampoco vale la pena, si estás haciendo hasta lo imposible con tus finanzas para comprar los automóviles, aparatos, ropas etcétera. Más caros para mantenerte al día con los demás, entonces estás gastando dinero en las cosas equivocadas. Evita meterte en estas situaciones destructivas, establece metas y ambiciones financieras ,sin dejar que tu autoestima se basa en impresionar a otras personas, siempre ponte metas alineadas con tus valores y sueños no alineadas con los valores de la sociedad o la moda y te puedes preguntar ¿pero cómo puedo hacer esto permíteme? te explico primero que nada explora nuevas relaciones ,si tu círculo de amigos actuales se enfoca demasiado en impresionar a otros y en ganancias materiales dedica un tiempo a explorar y buscar nuevas amistades, recuerda que eres el resultado las 5 personas con las que pasas más tiempo. Conéctate con la gente en estas nuevas actividades que esta gente y en vez de estar juzgando a las personas, pues como viste con lo que hacen en vez de hacer esto, dedica tu tiempo a hacer cosas que brinden un valor real y que den un valor real a los demás.

Próxima cosa que vas a querer hacer es compartir pensamientos orientados al crecimiento personal en lugar de hablar de la cultura popular y de cosas materiales, todo el tiempo en vez de esto mezcla algunos pensamientos sobre crecimiento personal, habla sobre la forma en la cual estás recortando gastos de manera positiva. Habla de tus grandes aspiraciones y sueños anima a otras personas a que hagan lo mismo, te va a ayudar mucho leer buenos libros, para mejorar tu propio pensamiento y que tengas nuevas ideas que te va a dar gusto, gastamos dinero que no tenemos en cosas que no necesitamos para impresionar a gente a la que no le importamos puede que hayas escuchado esta frase de Miley Henry ,pero también popularizado por Willy Smith y Tim Jackson ,vamos a analizarla a fondo el sistema ,es decir los gobiernos y la banca. Nos han convencido de gastar dinero que no tenemos en otras palabras, nos ha enseñado usar crédito, cuando la economía entra en crisis lo primero que se hace es bajar las tasas de interés, para que el costo del dinero en el mercado sea menor y la banca preste a tasas.

De esta manera se incentiva el consumo vía endeudamiento de la gente qué pasaría si en una economía en lugar de pedir prestados todos ahorráramos, usar dinero que no es tuyo te hace pobre, ahorrar e invertir te hace ganar dinero próxima parte de la frase es en cosa que no necesitamos y esto es cierto, cuando compramos a crédito terminamos comprando cosas que no necesitamos; porque comprar nos proporciona un estado temporal de felicidad.

Muchas personas deciden irse de shopping como una solución temporal a sus problemas y terminan comprando cosas que realmente no necesitan para arrepentirse, luego próxima parte de las frases para impresionar a la gente que no le importamos y esto es bien real otra estrategia de marketing financiero, es llenar la falta de identidad de los consumidores con cosas materiales, ejemplo ropas de marca ,un automóvil nuevo, una casa más grande impresionara a otros es una costumbre humana, que data desde tiempos primitivos, pensamos que somos mejores en la medida que nos llenamos de cosas materiales, lo cual termina llevándolos a una competencia sin sentido de tener más que los demás y sentir envidia financiera, endeudarnos para engañar por un tiempo a otros e incluso engañarnos a nosotros mismos, pero a la larga nuestra situación financiera será una sola ser un pobre con apariencia de rico y aquí te voy a dar una acción que puedes tomar ya a una limpieza en tus redes sociales solamente sigue a personas y cuentas que te inspiren o te ayuden a ser mejor persona a ese resto que solamente te hace compararte con ellos y te respiran en tu cara que tienen una mejor vida una vida perfecta y lo único que hacen ellos todo el tiempo es lucirse, para de seguir estas personas no las necesitas de ellos te necesitan a ti para alimentar sus juegos muy bien y aquí tienes siete cosas que nunca debes hacer con tu dinero primero que nada no utilices comprar como terapia segunda cosa nunca compres un auto nuevo tercera cosa nunca utilice las ofertas de 0% para endeudarse cuarta cosa no uses garantías extendidas quinta cosa evita vivir al día y no ahorrar número seis no inviertas en cosas que no conoces o entiendes y número siete para de tratar de impresionar a las personas

Ahora que poseemos este conocimiento, aplicaremos la técnica de cómo generar más ganancias con los recursos que tenemos.

Se explicara ahora las 15 cosas que la gente no sabe sobre ganar dinero estamos emocionados de regresar este día con otra cuenta, agua fría esta debería de servir como una llamada de atención para algunos de ustedes así como la luz que iluminaría tu camino, vamos a encontrar respuestas a preguntas que no sabías que tenías pero para eso tú tienes que dejar a un lado tus sentimientos y actuar como un niño o una niña grande y ser honesto con lo que realmente está sucediendo en tu vida aquí hay 15 cosas que las personas pobres no saben acerca de ganar dinero.

Número 1 puedes pagar poco o nada de dinero en impuestos, si inicias un negocio esto debería de ser de conocimiento común, para casi cualquier persona pero solo para asegurarnos lo vamos a decir una vez más los negocios no pagan impuestos ,sobre lo que generan, pagan impuestos sobre lo que les queda ,después de restar los gastos que tuvieron si gastan el dinero que el negocio generó en bienes y servicios que benefician al negocio no pagarán impuestos en lo absoluto, entre más gastos, el negocio tenga la menor cantidad de dinero que quedara para ser gravada, es por eso que la gente gasta millones en jets privados es un gasto necesario para el negocio, porque le permite reunirse con los clientes y el privado es deducible.

Así también como es el combustible para el avión, las comidas con clientes en restaurantes, los gastos por viajes de trabajo, etcétera. Esta es la diferencia fundamental entre empresas e individuos para ilustrarlo de la forma más simple, posible ocio genera dinero gasta dinero y luego se paga el impuesto del dinero que sobra el individuo, gana dinero para impuestos de ese dinero y se gasta lo que le queda, el estadounidense promedio paga alrededor del 27 por ciento en impuestos, mientras que en Europa está más cerca del 50 por ciento en promedio, mientras que las corporaciones promedio pagan entre un 0 y un 3% en impuestos.

Número 2 el ganar dinero, se trata de crear sistemas para resolver algo, no del trabajar duro, ganas dinero cuando eres capaz de resolver un problema y juntar todas las piezas del rompecabezas, la única forma en la que las personas pobres saben cómo ganar dinero es trabajar, no por ello cambian su tiempo y el esfuerzo para que alguien les pague un sueldo ,por ello el único valor proviene de su capacidad de crear una cadena de acciones ,que transforman en la entrada de dinero ,esto es lo que queremos decir, con esto de una manera más simple la gente pobre gana dinero, el vendedor en un puesto de aguas frescas, el dueño del puesto le estaría pagando a esa persona por día en este caso esa persona es sólo una pieza de rompecabezas ,el propietario del puesto de aguas tiene las siguientes piezas 1 identificación del producto o servicio en este caso un puesto de aguas es el producto que es intercambiado por dinero al final del proceso, número 2 tiene el puesto donde se están vendiendo las aguas frescas pero las aguas frescas no se venden solas tienen que traer a alguien más ,número 3 a las personas que venden las aguas frescas ahora que lo piensas estas personas necesitan recibir todos los ingredientes en nuestro caso las frutas agua azúcar y así sucesivamente, número 4 transportar los ingredientes al puesto de aguas, número 5 .

Así como todos los ingredientes que deben comprarse a un proveedor para poner este proceso en términos de un negocio ,proveedor, distribución producción y consumidor puedes ver, como el vendedor de las aguas es solo una pieza del rompecabezas, mientras que el dueño necesita pensar acerca de todos los demás elementos como regla general, el empleado recibirá un peso o un dólar por cada 10 de valor que pueda generar, para el propietario la recompensa por resolver el proceso es mucho más grande que el ser una sola rueda en esta gran maquinaria en el momento en que puedes resolver el rompecabezas de estos procesos, puedes comenzar a aprovechar al máximo el mercado que te generará más dinero o te volverá rico.

Número 3 el poder ganar dinero mientras duermes o nunca será rico escucha y escucha con mucha atención, mientras sigas intercambiando tiempo por dinero nunca serán rico y porque debido al número limitado de horas en un día que puedes trabajar, incluso si trabajas todas las horas del día, seguirías tomando té con la pared, tu habilidad de generar ingresos no debería de estar atada no seas la máquina de hacer dinero.

Construye una máquina que haga el dinero por ti ,este es por qué el punto anterior de crear un sistema es tan importante ,al menos de que tomes el control de tu tiempo ,tú siempre serás pobre 8 horas de tu día te la pases dormido ,8 horas te las pasas trabajando ,dos horas que desperdicias en el tráfico de ida y vuelta a tu trabajo, te quedan seis horas en el día para comer ,hacer tareas invertir en ti mismo, descubrir quién eres y tener una vida romántica realmente no hay suficiente tiempo para todas esas cosas, así que qué es lo que las personas hacen ,sacrifican algunos de estos sin darse cuenta de que en realidad estas son las cosas que hacen que la vida valga la pena vivir, no estás aquí para solo despertar ir a trabajar pagar tus servicios hasta el día en que te mueras.

Número 4 se necesita la misma cantidad de esfuerzo para generar 50.000 que para generar un millón, esto confunde a la mayoría de las personas y podemos ver todas esas cabezas inclinando y su voz interior diciendo, que espera un minuto, bueno pero nos llevó más de 8 años en entender este concepto ,porque se sentía muy diferente al principio el consejo de un mentor fue el siguiente; felicidades por el esfuerzo la calidad y la cantidad de trabajo que estás poniendo es una lástima que te estés enfocando en la cosa incorrecta cuando te es posible resolver un rompecabezas ,porque no mejor tratar de resolver los que tienen una mayor recompensa, cuál es el punto de trabajar tan duro por una fracción de la recompensa ,como puedes aplicar esto para ti si ganas dos mil al mes vendiendo chips de celulares por teléfono ,podrías ganar más de veinte mil al mes vendiendo autos y bienes raíces el proceso es bastante similar ,pero el premio es mucho más grande.

Número 5 las ideas no tienen valor ,sin una ejecución prolongada, ya puedes parar con esa idea de un millón de dólares que tienes por mucho tiempo una idea vale un millón de dólares ,solamente después de que ha generado un millón de dólares todos tienen ideas ,así o puedes detener a cualquier persona en la calle y será capaz de decirte una o dos ideas de negocios que consideran que valen una fortuna ,pero por favor presta atención, porque lo que estamos a punto de decir te cambiará tu forma de pensar, sobre las ideas mientras vivas una idea es un multiplicador de tus acciones incluso si tienes una súper idea que vale multiplicada por 100 ejecuciones cero adivina que estos números 100 por 0 es cero tu capacidad de ejecutar es multiplicada por la calidad de tu idea lo que significa, que puedes tomar cualquier idea mediocre y simplemente ejecutarla mejor así ,es como se gana es por eso que google aplasto abajo y aplastó a MySpace ,es por eso que el edicto ganó donde va en fallo es por eso que McDonald pasó por encima de las otras franquicias de hamburguesas, en sus mejores tiempos, por eso es que está árbol sigue ganando en el juego de hacer café el café con leche, no es una idea de 85 millones de dólares, pero el acertijo que pudieron resolver y el plan que han podido ejecutar en el camino si lo es el éxito .llega del poder ejecutar a niveles muy altos por periodos largos de tiempo y por favor no descuidar la parte de periodos prolongados de tiempo es realmente importante .

Número 6 la gente de negocios contrata a buenos profesionales, para que los hagan ricos a ellos esta es una diferencia fundamental entre dos tipos de mentalidad las personas pobres buscan seguridad ,mientras que las personas ricas buscan construir riqueza lo más difícil, que sea para que seas reemplazado lo más valioso que serás para él especializarte y tu salario siempre será bueno por otro lado los ricos no piensan en términos de salarios, ellos piensan en términos de ganancias, cuánto es lo que queda para llevarse a casa después de que han pagado todos los salarios de sus empleados entre más lo piensas más cosas deberían de comenzar a hacer click en tu mente, el salario pone comida en tu mesa y dependiendo de lo bueno que se hace en tu trabajo, incluso otras necesidades, pero las ganancias nombran tu libertad este también es la razón por la cual un estudiante de 10 casi siempre termina trabajando para los estudiantes de 9 y 8 los estudiantes de 10 son muy buenos para seguir las órdenes, han estado siguiendo todo lo que el maestro les dijo que hicieran ,pero si realmente lo piensas los maestros no son tan exitosos como te han hecho creer, en casi cualquier parte del mundo un mecánico gana más que un maestro esto es algo que nunca te dijeron, pero estudiante es mucho porque te dijeron que de eso se trata el éxito mientras tanto los estudiantes del 9 y 8 aprendieron a jugar el juego real y construyen la compañía ,donde los estudiantes de 10 trabajarán para ellos quieres saber un secreto sobre la industria de la educación sólo el 25 por ciento del dinero que pagas en colegiaturas se va a los maestros, el resto del dinero se va al presidente de la junta y a los inversionistas aunque las universidades son tomadas como entidades sin fines de lucro ,ellos pueden pagar los salarios que quieran a su junta administrativa .

Daniel komen el director de la facultad de bienes raíces de Harvard, recibe más de 10 millones de dólares al año todos los que están arriba ganan más de 5 millones de dólares al año en salarios y no enseñan ni una sola clase.

Número 7 el retener el dinero es más fácil que ganarlo la mayoría de la gente pobre piensa que ganar dinero es muy difícil, pero casi todos han ganado dinero en el pasado y ganarán dinero en el futuro, la parte difícil es el mantener el dinero no el hacerlo ,el hacer dinero no es ningún secreto si tienes un trabajo vendes un producto o servicio básicamente estas son tus dos únicas opciones, pero muy pocas personas saben cómo conservarlo y hacerlo crecer una vez que lo tienen cuántos de ustedes gastaron el dinero que ahorita ya no tienen, mientras te atrasas en tus pagos y hacer los cálculos en tu cabeza esperando que a las personas que te prestaron dinero, simplemente se les olvide es por eso que tu vida es como es y no puedes controlar este mal hábito de gastar solo mira lo que las personas promedio tienen en valor al final de su vida a los 80 años, tienen suerte si son dueños de una casa un automóvil oxidado y nada más.

Persona promedio logra almacenar menos de un 10% del valor que generó en toda su vida, el resto del dinero simplemente se consume.

Número 8 tu ganas dinero en proporción a tu capacidad para usar las herramientas que tienes a tu disposición ,estamos tan acostumbrados a tener todas las cosas a nuestro alrededor que olvidamos que algunas de esas son herramientas que están destinadas a generar un valor para ti, al principio el ser humano lo único que tenía era su cuerpo para poder llevar piedras ,usando sus músculos el usar sus ojos para buscar serpientes en el piso o frutos rojos hay personas hasta el día de hoy que la única herramienta que usan es su cuerpo en muchas partes del mundo la gente todavía lleva cosas en las manos.

Hoy en día hay personas que tienen tractores que llevan cosas aún más pesadas y las personas ya no tienen que depender de su fuerza física para hacer el trabajo todo lo que necesita hacer es aprender a manejar operar una máquina y ya eres inmediatamente de más valor comparado con esa persona que carga las cosas con las manos, ten en cuenta esta idea a medida que avanzamos en este punto las personas ya no entienden el verdadero propósito de las herramientas porque tienes un iPhone de más de 1000 dólares ,sólo para usarlo en Instagram si esa es la única cosa en la que usas Mobile phone pagaste 900 dólares más de lo que deberías haber pagado .

YouTube es una herramienta en la que puedes aprender nuevas habilidades o en la que puedes perder tres horas de tu vida, viendo compilaciones de texto las herramientas son multiplicadores y lo más sorprendente es que las puedes combinar ,pero la mayoría de ustedes no lo pueden ver ,las personas pobres compran cosas por el estatus que les da, mientras que los ricos las compran con un propósito definido por eso es que la mayoría de los pobres piensan ,que los ricos son unos hombres codiciosos si tuvieras esa cantidad de dinero comprarías tres ferraris en diferentes colores mientras los ricos sacuden su cabeza en incredulidad ,no desperdicies el dinero que no necesitas en su lugar mira a tu alrededor las cosas que posees algunas de ellas son herramientas y se pueden monetizar ,como el dispositivo en lo que estas visualizando u libro, esto si lo usas bien te generará dinero, aprende a monetizar las cosas que ya tienes.

Numero 9 nunca pidas prestado dinero que no se destinará a ganar más dinero que estás haciendo, comprando un televisor a crédito porque estás listo para hacer pagos a plazos, por el nuevo PlayStation, porque estás pidiendo prestado para comprar un vestido o un bolso muchas personas ,carecen de recursos o fondos en casos de emergencia ,razón por la cual los usureros se aprovechan de ellos como depredadores crean o no estas personas toman prestado dinero de las compañías de préstamos, sin entender los contratos lo firman y pagan un interés anual del 70 al 250 por ciento sobre el dinero que pidieron prestado para comprar cosas estúpidas, que ni siquiera necesitaban esto sucede en todo el mundo ,el reino unido tiene el mismo problema que los EE.UU y México un ejemplo real es money shop, uno de los prestamistas más grandes del reino unido cobra 30 libras al mes por pedir prestado 100 libras durante cada mes, el segundo prestamista más grande es banca cobra 37 libras y 15 centavos por pedir prestado 100 libras cada mes si no les devuelve en un mes ,las multas penalidades e intereses sobre las multas comienzan a aplicarse y se suman rápidamente o piensas que uno tiene que ser un tonto o estar desesperado para pedir dinero prestado a estas personas especialmente si no lo pides para ganar más dinero pero millones de estadounidenses piden dinero prestado para ir a la universidad y elegir especialidades, sin ninguna perspectiva en el mercado para poder pagar sus estudios la especialidad en filosofía o estudios de género no tienen un valor de mercado real, sin embargo ahora debes más de cien mil dólares el pedir dinero prestado puede hacerte rico o convertirte en un esclavo de una persona que ahora básicamente te posee de por vida .

Número 10 una pared se construye ladrillo por ladrillo al igual que la riqueza la gente pobre, siempre tiene la idea de hacerse rico a través de lo impredecible lo que significa que, la suerte llegará cuando menos se lo espera la suerte llegará a ellos con riquezas financieras, los ricos nunca compran billetes de lotería en realidad, es una de las razones que los hizo ricos.

En primer lugar es porque entienden cómo se construye la riqueza y no se lo pueden dejar a la suerte ,presta mucha atención sobre cómo la mayoría de las personas pobres actúan con respecto al dinero, notas sus elecciones, nota que piensan que no tienen problemas para gastar 10, 50 ó 100 dólares al azar en cosas innecesarias pero la idea de ganar 10, 50 o 100 dólares es muy poco dinero para ellos y cuando lo tienen lo tiran rápidamente en dispositivos o en cosas que realmente ellos no necesitan, pero me dirás se necesita mucho dinero para generar ingresos pasivos nosotros no tenemos esa cantidad de dinero y esa es la razón del por qué decidí hacer este libro la persona promedio no entiende que puede generar ingresos pasivos con tan solo 10 ó 50 dólares y que esto siempre ha sido posible simplemente no tienen la educación suficiente para verlo ,permítanos llevarlos a la escuela por un momento la forma más simple y económica de crear ingresos pasivos y se invirtiendo en compañías que pagan dividendos ,como se hace esto .

Usa cualquier plataforma de inversión como 'robín Hood', Ripoll, toro, etcétera y compra compañías que pagan dividendos. Que pagan dividendos cada 2 trimestres estas compañías dividen las ganancias entre los accionistas aquí hay tres acciones que pagan dividendos súper accesibles y son muy buenas para los principiantes Toronto dominio bank 3.6 por ciento, real de 54.9 por ciento, hollman 2.5 por ciento.

Tienes que empezar con algo de ese dinero dentro de compañías que paguen dividendos en las cuales tú confíes y conozcas de esta manera tu riqueza empieza a crecer tú vas a empezar a acumular valor para cuando estas compañías ganen dinero tú también ganes un poco de dinero ,construir un muro requiere que coloques un ladrillo a la vez, así que construir riquezas es lo mismo si quieres escapar de tu situación en la que te encuentras, no sólo necesitas ser más educados sobre las herramientas que tienes a tu disposición ,sino también comenzar a actuar sobre la información que estás aprendiendo. Deja de esperar a que alguien más haga el dinero por ti, ese cheque del estímulo cuatrimeste si es que tienes uno no lo podrás estirar tanto como quieres.

En cuanto a lo que se necesita para construir una compañía multimillonaria, deja de pensar que los libros son caros, porque actualmente tu vida es barata tu vida es barata, ¿porque piensas que el invertir en ti mismo es caro? cuanto más educado estés más podrás comprender lo que sucede a tu alrededor.

Número 11 un millón de dólares por año no es mucho dinero, casi puedo escuchar todos los puños apretados alrededor del mundo cuando decimos esto todos crecimos con la idea de un millonario de que un millón era suficiente, para tener la vida hecha, porque si solía ser cierto, pero en los años 70 tal vez.

Todavía se siente cierto si vives en una parte pobre del mundo y en este momento crees que no necesitas tanto, pero la paradoja es que solo aquellos que ganan un exceso de un millón de dólares por año se dan cuenta de que solo es una ganancia decente, el dinero se está devaluando año tras año déjanos darte un ejemplo de esto en los EE.UU al principio había 1.75 trillones de dólares en circulación es decir billetes de dinero real en el mercado, asustados de que la economía se desplomaría debido al coronavirus el gobierno ,decidió imprimir otros 2 puntos 3 trillones de dólares de la nada y simplemente darse a las personas y a las empresas para evitar el colapso financiero el valor proviene del miedo a la escasez entre más se encuentres algo en el mercado de valores menos valor tiene.

Felicitaciones cada dólar que tienes vale menos de la mitad de lo que solía tener, esta devaluación de la moneda, se llama inflación un millón de dólares en el año 2020 es más o menos el equivalente a 250 mil dólares más o menos hace 30 años no sólo por la inflación sino también por el poder de compra los bienes raíces son un gran barómetro de esto, la gente pobre es víctima de este sistema no entienden que mantener el dinero en efectivo, en realidad les está costando más dinero los ricos.

Aprovechan la comprensión del mercado y mantienen su dinero en activos llamados almacenamiento de valor bienes raíces oro arte y más recientemente cripta monedas y aquí el por qué un millón de dólares por año no es tanto dinero como pensabas la persona promedio trabaja aproximadamente 40 años, de 25 a 65 años ,si ganas un millón de dólares por cada año de tu vida laboral ignorando completamente la inflación y que no gastarás un centavo todavía no tendría suficiente dinero para comprar esta pintura de ronco que se vendió en 46 millones de dólares o esta otra de Newman que se vendió en 40 y 3.8 millones de dólares, imagínate que trabajaste toda tu vida por un millón de dólares al año y sigues sin poder comprar un lienzo con dos colores .

Número 12 más del 50% de tus ingresos, deberían destinarse a inversiones no puedes escapar la carrera. Si estás ahorrando un 5 o un 10 por ciento simplemente no se puede.

Podrías tener suficientes fondos para superar un obstáculo, pero eso no es suficiente para comprar tu libertad ,quieres escuchar algo que te dejará boca abierto, la gente exitosa está ahorrando o invirtiendo entre el 80 y el 90 por ciento de sus ingresos con números similares el año anterior y el año anterior a ese este dinero es para la libertad, este dinero compra bienes inmuebles compra acciones se destina para otras inversiones comerciales, la verdad es que la gente pobre no tiene forma de ahorrar gran parte de sus ingresos, porque sus ingresos apenas cubren sus necesidades básicas, el problema es que ignoran por completo todo lo demás que mencionamos anteriormente en esta lista.

En el momento en que comienzas a aumentar sus ingresos no actúes estúpidamente y aumentes tu estilo de vida dramáticamente, todo se reduce a estas simples matemáticas quieres saber cuánto dinero necesitas para ser libre primero que nada necesita saber cuánto te cuesta al estar vivo con tu estilo de vida actual, a esto le llamaremos el costo de estilo de vida para que puedas ser libre tus ingresos pasivos necesitan ser por lo menos el doble del costo del estilo de vida ,si estás buscando generar activamente tu libertad financiera por medio de un trabajo para que seas libre tus ingresos activos necesitan ser por lo menos cinco veces el costo del estilo de vida ,si el ser quien eres cuesta cincuenta mil al año necesitas generar al menos 250 mil para ser libre y ¿por qué? porque de esos 250 mil y 50 mil ,se estarán destinando a gastos de vida .

El 80% restante deben ir a comprar esa libertad a través de inversiones, si eres pobre en este momento aquí está una lista de tareas que tienes que hacer: aprende nuevas habilidades que comienzan inmediatamente a crear un valor.

Número **2** empieza a crear un sistema para generar dinero que no dependa de ti y que sea en tu tiempo libre.

Numero **3** cuando el dinero extra comienza a llegar ponle cada vez más atención al proyecto de medio tiempo

Número **4** no invierte todo en el negocio mientras vives por debajo de tus necesidades.

número **5** cuando el verdadero dinero comienza a llegar solo de otras inversiones alternativas este es el enfoque más sincero que jamás tendrás sobre este tema.

Número 13 100 dólares de ingresos pasivos, valen más que mil dólares de ingresos por tu trabajo, esto es algo que será contradictorio para la mayoría de las personas y estoy contento de tener la oportunidad de finalmente abordarlo y tal vez alumbrar el camino que está delante de ti ,la persona promedio mira nuestra comparación y se queja de inmediato ,como pueden mil dólares valer menos que 100 dólares ,he aquí por qué esos mil dólares dependen de que tú puedas presentarte para trabajar para asegurar más clientes ,etcétera ,mientras que esos 100 no esos 100 entrarán sin importar lo que hagas, qué pasaría si te atropella un automóvil o te enfermas y tu capacidad de desempeñar un trabajo desaparece, también tus ingresos desaparecerán otra cosa muy interesante es que también tus ingresos pasivos, podrán liberar tu vida.

Estar listo para que te exploten la mente 40 mil dólares por año en un ingreso pasivo valen más que un trabajo normal de 200 mil dólares al año un trabajo de 200 mil por año, requiere todo tu tiempo y atención al menos cinco días a la semana y sabemos que estarías trabajando los fines de semana de una forma u otra también, te condenas a un escritorio a un lugar a un país oa una oficina por 200.000 anuales. Te estarías estresando muchísimo y tendrás que soportar a un jefe incompetente con un ingreso pasivo de 40 mil por año ,podrías vivir casi en cualquier parte del mundo y tener el 100% del tiempo libre para ti, quieres aprender ,adelante quieres crear abejas en el campo tal vez escribir ese libro que tanto has planeado o pasar todo el tiempo que quieras con tus hijos, el ingreso pasivo es multiplicado en valor por el tiempo que te libera con un trabajo de 200 mil dólares al año tendrías 10 horas a la semana para pasar con tu familia con los ingresos pasivos esas 10 horas diarias que no pasas en la oficina o en tránsito se otorgan 50 horas adicionales por semana y ni siquiera incluimos el qué trabajarías los fines de semana ,en este ejemplo el ingreso a pasivos de otorga 5 veces más tiempo libre para concentrarte en las cosas que amas y es por eso que 40 mil en ingresos pasivos tiene más valor que un trabajo que te pague 200 mil por año.

Número 14 en lugar de reducir los costos enfócate, en aumentar tus ingresos para las personas pobres es recortar cupones y pasar horas descubriendo formas de cómo ahorrar unos cuantos centavos, pero sabes que un centavo ahorrado no es un centavo ganado es solo un centavo.

No importa si lo que vales es mil dólares por hora o siete pesos por hora, porque estás desperdiciando ,dos horas de tu vida conduciendo a tres diferentes supermercados ,sólo para ahorrar diez dólares en un poco de detergente nosotros ,realmente no entendemos a las personas que gastan sus esfuerzos tratando de reducir costos personales, cuando con ese mismo tiempo podrían llegar a aumentar sus ingresos, si gana siete dólares por hora y tienes tiempo para ir a tres diferentes, sombreros ,mercados ,entonces tienes tiempo para aprender Excel y encontrar un trabajo diferente que pague tres veces esa cantidad en lugar de perder el tiempo reduciendo costos.

Invierte ese tiempo en volverte más valioso y ¿por qué? porque siempre hay un límite en cuanto a cuánto, puede reducir tus costos, pero nunca hay un límite en cuanto a cuánto puedes llegar a ganar.

Número 15 necesitas al menos tres fuentes de ingresos para sentirte seguro, para la mayoría de las personas, cuando escuchan el término tres fuentes de ingresos piensan en tres trabajos. Porque la mayoría de la población la única fuente de ingresos que conocen es el trabajo que tienen, para no ser sacudidos por la inflación del mercado, todos deberían entender al menos tres flujos de ingresos.

Nosotros los hemos estado agregando lentamente uno por uno, durante los años. Por ejemplo, estoy ganando dinero de los anuncios es por eso que estoy construyendo una audiencia en Instagram, también con nuestra nueva tienda en línea, estamos buscando la mejor opción para nuestro sitio web y si de la noche a la mañana perdiéramos uno de nuestros ingresos, no tendríamos problemas estamos a salvo. Un propósito para los próximos cinco años debería de ser agregar otra fuente de ingresos que no dependa de ti ,en el momento que aprendes cómo crear más ingresos esta vida se vuelve más emocionante lo cual plantea la siguiente pregunta, cuál de estas ideas es la que hizo más click contigo, la que definitivamente pueda crear una idea de efecto dominó concentrarnos más en esas cosas el seguimiento de tus acciones te muestran el camino no podemos resaltar esto ,lo suficiente tú no puedes mejorar lo que no puedes medir ,no puedes mejorar lo que no mides y no estamos hablando de presupuestar cada centavo y cada segundo de cada día en tu vida, pero debes hacer un seguimiento de las cosas que deseas mejorar en tu vida deseas perder peso, necesitas hacer un seguimiento de tus alimentos y los cambios de peso deseas ganar más dinero ,cuánto dinero gastarse en este mes y cuánto ganas quieres dejar de malgastar dinero .

Apunta a cuánto dinero gastas todos los días en el momento en que lo pones por escrito eres capaz de saber si lo que estás haciendo está cambiando algo la mayoría de las personas, simplemente permiten que las cosas pasen con expectación de que todo mejorará, por sí mismo.

Tu vida se mejorará en el momento, que tú inviertas mejor, de que comas mejor, aprendas más carnes y deje de perder tanto tiempo como no propietario de un negocio, no sólo necesita arrastrar el desempeño de la empresa en su conjunto sino también la de tus empleados la calidad del producto que estás produciendo y constantemente tratar de mejorarlo, no puedes hacer nada de esto a menos que realices un seguimiento periódico. Si tu vida no es mejor este mes que el mes anterior, estás en el camino equivocado hacer dinero es un juego de números y en las palabras de james si los números no mienten solo checa el tablero que te muestra quién realmente está ganando.

Ahora bien, sabiendo estos puntos explicaremos sobre los hábitos y estos como juegan un rol importante para seguir creciendo tanto personal, como económicamente. Les parecerá reiterativo, pero la intención es profundizar en el tema, para que no quede dudas y se busque la esperada libertad financiera, en la actualidad continuando:

La palabra hábito tiene diferentes significados, en el uso más usual se refiere a costumbre o rutina que se adquiere a partir de repetir conductas similares, ahora estas conductas similares pueden ayudarte a salir de la condición de pobre o pueden empeorar su situación actual, vamos a estar hablando de hábitos que te mantienen pobres, con estos hábitos lo que quiero es abrirte los ojos y que otras personas puedas abrir los ojos también. Ayudándote a mejorar día a día, siempre se mejora con la continuidad, así ayudándote a tener libertad financiera.

Modificar estos hábitos para que empieces a buscar la mejor dirección en este GPS que es la vida de nosotros, si una de tus metas de buscar riqueza y libertad financiera, así que sin más empecemos:

Ahorra lo que te sobra ósea nada la mayoría de personas le pasa esto pensamos que podemos borrar, pero primero estamos pagando otras personas pagamos por servicios a veces que ni siquiera necesitamos o pagamos cosas que tenemos que pagar y a veces nos quedó un poco de dinero, dice saber que nos queda un poquito dinero y vamos y lo gastamos en vez de realmente ahorrar lo es muy importante que tengas este hábito de ahorrar aunque sea un centavo ,aunque sea dos sentado aunque te parezca que ahora mismo no hace nada ahorrando esta pequeña cantidad ,bueno esto va sumándose y con el efecto de bola de nieve cuando menos lo pienses tienes un fondo de emergencia o un dinero que te puede ayudar para poder invertirlo y recuperarlo o sacar más dinero todavía es muy importante que tengas este hábito de ahorrar, no importa la cantidad, sino que hagas esto que ahorres algo.

Miras mucha televisión, ojo la televisión (la televisión) dios mío cuántas cosas pasan aquí no hay nada malo que veas un show aquí o allá es algo que te relaje, pero como te digo mira mucha televisión te estoy hablando de personas que priorizan esto entre otras cosas en su vida ven demasiada televisión.

La televisión tiene varias cosas número uno la emisión de televisión mayormente es entretenerte o sea distraerte, lo que tú estás haciendo y aparte de esto hay muchos comerciales, que las misiones comerciales dependientes también y por eso es que terminas comparándote a ti con estas personas en el televisor y al final te sientes infeliz, muchas veces un gran error. Ver mucha televisión es otro hábito que debes eliminar.

Otro hábito que debes eliminar es el uso excesivo de tarjetas de crédito una de las cosas que te puedo decir es un secreto, solamente utilices para lo que realmente te haga falta, la mayoría de personajes de fuera se están endeudando a diario comprando cosas que realmente no necesitan y esto es un gran error tener deudas te pone un paso atrás, lo que voy haciendo es lograr tu libertad financiera y entonces empiezas a trabajar para estas entidades estos bancos.

no leer libros, es un gran error hacer esto, dicen que la peor enfermedad del mundo es la ignorancia, no leer dios mío no leer no hay nada más práctico que aprender de los errores de las enseñanzas de otras personas, la persona promedio lee un libro al menos al año es una estadística que asusta.

Debes leer, debes invertir el tiempo por lo menos 30 minutos al día y leer ya sea que tenga un problema o una situación la cual estás pasando. hay mucha chance y oportunidad de que otras personas hayan escrito sobre esto y puedes aprender y aplicarlo y salir de esta situación actual.

A veces pensamos que somos inmortales que nunca nos va a pasar nada y de repente de un momento, inesperado tenemos una situación médica y a no tener seguro esto nos impacta económicamente dependiendo del lugar del mundo donde vivas es muy importante que tengas seguro de gastos médicos tarde o temprano podemos tener cualquier tipo de problemas y esto nos puede poner un paso atrás en lo que viene siendo nuestros planes.

De poder mejorar económicamente es muy importante que entiendas que debes comparar los servicios, recuerda que el interés de las personas cuando te venden es ellos tienen como interés vender y no exactamente tu interés como prioridad de hoy es contratar servicio y comparar digamos y de repente te van a vender un servicio de internet, no comprar lo primero que aparezca a ti si nos das un dato un tiempo va a tu casa como tengas un momento y ahí analizas es que hay es muy importante cada gesto esto va a ser gran diferencia para que tenga como prioridad tú como persona y no lo que te dice cada vendedor.

Vivimos en una sociedad de consumo o sea las personas consumen y consumen cosas que realmente no necesitas y como te digo cosas, estoy hablando de cualquier cosa que realmente no te haga falta a ti ,no sea necesaria pero que te llama la atención a veces en esta sociedad consumo, tendemos a comprar y comprar y comprar dios me ve este Amazon cuánto personas no entra en ese click y están comprando cosas que realmente no les hacen falta cuando se dan cuenta estas cosas se suman y no tienes el dinero que te hace falta para otras cosas .

Una de las cosas es tener un fondo de emergencia, es muy importante que tengamos un fondo de emergencia, las emergencias suceden es cuestión de tiempo solamente que cuando van a pasar y eso no esté siendo negativo, estoy siendo realista las emergencias suceden hay cosas que esto es una vida o sea la vida como vida al fin.

Tiene muchas cosas que no están calculadas si no las sabemos todas es muy importante, que tengas un fondo de emergencia que empieces a ahorrar para crear este fondo de emergencia con las cosas que te voy a recomendar es que tenga de 1 a 6 meses, yo sé que esto va según el país que estés y la situación actual tuya. Te puede demorar más tiempo, pero no es que te demores tiempo es que si no haces nada al respecto a más que nunca vas a llegar ahí.

Trata de empezar a ahorrar y tener estos meses de trigo ya desde unos 6 meses de gastos para que en caso que pase algo pierdes de trabajo te enfermes etcétera, tengas opciones porque recuerde que tú eres tan libre como tus opciones actualmente ,se escucha mucho esto de estilo de vida y hay personas que están gastando demasiado dinero en esto mayormente es influenciado por celebridades por el televisor etcétera y tendremos gastar dinero en cosas que realmente no nos hacen falta y una imagen recientemente de una persona que va a una cafetería y pide un café y pide esto y esto y complica un café normal y el café termina costándole unos 12 a 13 dólares.

La persona a través de directo lo que estás comprando es café y otros le dicen no lo que estoy comprando ese estilo de vida no estoy diciendo que no debes tener tú justo lo que estoy hablando de los gastos innecesarios cuando estos se suman, si pueden afectarte económicamente un gran error que puedes hacer es no invertir en ti como persona en cuenta que tu vida tu negocio tus emprendimientos, van a crecer al mismo nivel que tú crezcas como persona.

Debes invertir en ti ya sean seminarios talleres cursos no importa pero debes crecer como persona, especialmente en las áreas que te importan a ti y a tu negocio ,pareciera como no importante, pero tener tu seguro de auto, es algo relevante las personas a veces se preocupan por cosas que no van a suceder, sin embargo la cantidad de accidentes que hay a diario es una cifra alarmante deberías tener tu seguro de auto ,porque tienen un accidente cual no depende de ti depende de qué otra persona no te vea como este un error ,te puede afectar económicamente tienes que tener conciencia de los pequeños gastos que tienes a diario imagínate un bote que está navegando en el mar y de pronto en un pequeño hueco ok es un pequeño hueco no importa, pero de repente tienes dos segundos huecos y un tercer hueco y un cuarto hueco y este huequito hacen que entre el agua y al final el bote se hunda ,lo mismo pasa con los gastos a veces tenemos gastos pequeños que pensamos que son irrelevantes, pero cuando se suman estos gastos hacen una gran diferencia uno de los millonarios que trabajaba conmigo del hospital me decía de que él no comía todos los días en la calle, porque gastaba mucho dinero de esta manera y sabes que hay muchas razones esto hay personas que gastan gran parte de su dinero cual pueden invertir en cómo ganar más dinero.

Comiendo en la calle cuando puedas mientras puedas tratar de comer en la casa no solamente por el aspecto de salud ,sino que esto va ayudar también ahorrar dinero cuando veo la palabra autodisciplina ,pienso directamente en bryant trace y el habla mucho ,sobre esto" es muy importante que tengas autodisciplina si no puedes controlarte a ti como esperas que vas a controlar algún resultado en tu vida ",esto va mano a mano con invertir en uno mismo y seguir leyendo y seguir te educando como persona no puedes pensar que los gastos son algo de martes debes conocer a dónde van tus gastos a dónde está yendo tu dinero ,si conoces estos gastos la mejor forma de controlar los mayoría de personas allá afuera no tiene metas, tú te imaginas manejar un carro en un destino jamás y nunca va a llegar a donde tú quieres llegar luego pasa con las metas como persona debería estar en meta, porque cada cosa que tú hagas en tu día te acerca o te alejan a ellas .

Explico puedes ponerte metas ,que tiene que ver este tema de la salud ,bueno pues no somos máquinas, somos personas lo que comes cómo te cuidas, si hace ejercicio tiene un impacto muy grande en tu vida, pero todavía estaba viendo una persona decir no yo tengo una dieta de emprendedores, se estaban riendo como si esto fuera algo cool lo que querían decir es que comían comida chatarra y no se cuidaba ,ojo tarde o temprano, eso se va a reflejar en sus vidas, tú eres lo que comes si comes comidas que te aportan energía va a tener más energía si haces ejercicio vas a tener más claridad y más energía a la hora de poder emprender tu negocio, esto es muy muy importante .

No ser organizado tiene muchos impactos en tu día a día vas a tener muchas tareas las cuales parecen que todas son importantes y deberías enfrentarte a ellas sin embargo si no tienes claridad en qué debes hacer aquí es casi imposible que logres algo positivo en tu vida debes organizarte poner prioridades y atacar primero en la mañana o sea esa tarea más difícil ,es fácil ser negativo si solamente aprendemos el televisor y escuchamos lo que hablan en las noticias vamos a pensar que todo lo malo es lo que nos va a suceder ,sin embargo recuerda que el vaso está medio lleno o medio vacío eres tú la persona que escoges cómo mirarlo.

No hay nada más fácil si quieres llegar a un lugar si quieres llegar a un destino que habla con alguien que ha estado ahí, que te pueda contar sobre su camino sobre este destino, la mayoría de personas no tienen un mentor no busca a su mentor se asustan a la idea de tener un mentor no hay nada malo con preguntar pregunta a las personas que han llegado a ese lugar donde tú quieres llegar, que han experimentado esto, cómo se hace para que me enseñes, tener un mentor hace una gran diferencia.

Es imposible tampoco que logres algo si no te arriesgas, se llegue en tu zona de confort y piensas que todo afuera es malo estaría cometiendo un gran error debes arriesgarte, si quieres nuevo resultado debe hacer cosas nuevas esperas que el gobierno te ayude a ti ,cuando tengas una edad avanzada es un gran error cómo van las cosas con la economía depender de otra persona que no seas tú y tus activos ,es cometer una locura no pongas tus esperanzas en el gobierno recuerda su prioridad no eres tu .

Usar muchas excusas es un gran error, sin embargo es la primera opción, cuando pensamos en hacer cualquier cosas quiero emprender ,pero no tengo dinero quiero emprender, pero el gobierno no me apoya quiero emprender ,pero no tengo conocimientos todos estos son excusas las personas que han hecho que han logrado cosas en su vida, tuvieron una dieta estricta de excusas te invito a que yo también pruebe esta dieta por siete días no te puedes asustarte los cambios pues esto es lo más constante que hay debe estar como estando incómodo aprender cosas nuevas de ese tu mentalidad, pues esto lo que te va a permitir llegar a nuevos horizontes, ante cualquier situación lo más fácil es tomar el papel de víctima te invito a que no sea así ,que la víctima no seas tú que seas una persona proactiva, la persona proactiva no reacciona a las cosas digamos te despiden de trabajo y piensas que es el final del mundo que tu vida se va a acabar .

Esto es una mentalidad proactiva una mentalidad proactiva y que sabes que ok termine este empleo me acaban de despedir aquí voy a buscar otro nuevo va a ser uno mejor o emprender mi propio negocio, la diferencia está en la historia que te haces a ti mismo muy importante , cuando utilizas y hay personas que tienen metas personas que ya se pusieron metas ,pero lo que pasa es que compramos este concepto macro web de que las cosas debe ser instantánea y nos rendimos muy rápido, en nuestras metas debe entender que todo lo bueno lleva tiempo y ese tiempo hay que esperar .

Hay que ser consistente tener fe si realmente quieres lograr tus objetivos un hábito en común que tienen las personas de éxito es que se levantan temprano y magia en la mañana. si tú realmente quieres lograr objetivos tener metas te recomiendo que te levantes temprano yo personalmente me levanto a las 5 AM cada día de esta forma, yo despierto al día en vez de que el día mata. me animo y digo que amino con mis clientes de coche y trabajo esto se realiza puesto que la mente releja el estado de ánimo te invito a realizarlo para que este modo te trases en tu proyecto y puedas completarlo siempre.

Si nunca has tenido una fuente de ingreso diferente a la un empleo, por lo menos buscar una fuente de ingreso nueva cada seis meses, cuando ya tienes más de una fuente de ingresos te recomiendo buscar una cada tres meses son las sumas de estas fuentes de ingresos lo que te van a dar esa libertad financiera, pues algunas se pueden ir pero si siempre estás constantemente aumentando estas fuentes de ingresos entrando en el mundo de los negocios online etcétera lo que te estoy diciendo es para que tengas éxito y por minuto vas a ver el gran impacto que tiene esto en tu vida diariamente .

Tenemos que planificarnos ,un error empezar el día respondiendo el teléfono viendo las redes sociales ,etcétera, debes planificar tu día con una tres actividades como dice mi mentor team ferrys, las cuales van a tener el mayor impacto en tu negocio en tu día en tu emprendimiento, míralo como la ley de Pareto de 80/20 cuál es ese 20% de las actividades que puedes hacer, que te van al 80 por ciento de los resultados y ojo esto no vas a poder hacerlo al principio, solamente con la experiencia vas a poder descubrir cuáles son estas tareas o actividades estoy hablando que era el resultado las cinco personas que más tiempo emplean puede que no sean amigos ,pueden que sean familiares pero hay mucha influencia en estas personas en ti.

Debes ser muy selectivo de las personas las cuales van a entregar tu tiempo asegúrate que sean personas que te ayuden a crecer si andas con cinco borrachos probablemente vas a hacer eso, si andas con cinco personas que quieren avanzar ,echar para adelante en sus vidas probablemente vas a hacer ese esto también y por último no debes tener la mentalidad de que el dinero es para gastarlo ,cansado de personas que de repente les cae un ingreso extra si bien es un dinerito que se ganan un dinerito o les regalan un dinero y lo que hace es gastarlo y voy a una tienda me voy a comprar esto, me voy a comprar aquellos ,tienes que pensar en invertir que el dinero te traiga dinero ,uno de los mentores decía que el dinero son soldados que él saca al campo de batalla el mundo para que le traigan lo que viene siendo tesoro o sea más dinero busca y aprende formas de invertir tu dinero para que el resultado de estas inversiones lo que tú gastes y no es dinero.

Ahora una pequeña reseña cuales son las claves del éxito de hyung y Rockefeller que pueden hacerte millonario, John de Rockefeller ha sido el hombre más rico de la historia, John Rockefeller con tan sólo 25 años controlaba una de las refinerías de petróleo más grandes de los EE.UU a los 31 años tenía la refinería más importante del planeta, al cumplir los 38 años su monopolio controlaba el 90 por ciento de todo el petróleo refinado en los EE.UU, cuando se retiró aún sin cumplir 60 años era el hombre más rico de su país y al morir se había convertido en el más rico de todo el mundo.

Para los críticos Rockefeller era un capitalista y codicioso que aplastó despiadadamente a la competencia e instauró un monopolio sin importarle nada más que hacer dinero para él no necesitamos aprobar o desaprobar las opiniones radicales que se han dado sobre él y su manera de hacer los negocios sólo necesitamos aprender sobre las claves que le permitieron alcanzar este éxito John Rockefeller ,nos dejó muchas tácticas empresariales que hoy en día continúan más vigentes y hoy hemos recopilado las 25 mejores claves que lo ayudaron a conseguir el éxito ,antes de meternos a fondo todo esto requiere el esfuerzo y las ganas de realizar .

número 1 se tu propio tirano si Rockefeller hubiese podido definir un principio para su éxito estaría dentro de esta frase suya la más utilizada por él prefiero ser mi propio tirano, antes que tener a alguien que me tiranice, su biógrafo declaró que la cualidad más llamativa de Lyon fue su autocontrol ,misteriosa la voluntad de John era implacable a la hora de entrenarse para dominar sus emociones de manera que pudiera dirigir todos sus impulsos hacia sus objetivos ,se fijó grandes metas para sí y luego fue por ellas ,con una disciplina que no aceptaba excusas .ni siquiera de él mismo se tiranizó y se obligó a cumplir hasta el punto que la presión extrema se volvió parte de su rutina y la transformó en un estilo de vida. Cada vez le afectaba menos.

Número 2 se persistente de forma implacable ,Jon vivió su infancia en la granja familiar .Desde pequeño se dedicó a ayudar en ella trabajando cuanto podía, mientras también le dedicaba tiempo al cuidado de sus hermanos menores en la escuela ,"no resalto" ni siquiera terminó la preparatoria, pero hizo un curso de negocios, porque había descubierto que era muy bueno con los números tuvo que buscar trabajo durante semanas ,porque nadie quería a alguien tan joven y muy pocos gastaron tiempo entrevistándolo, pero no se rindió y luego de seis semanas caminando bajo el inclemente sol, durante el verano de Cleveland el 26 de septiembre de 1855, escuchó las palabras te daremos la oportunidad, le asignaron un puesto como asistente de contabilidad Rockefeller les demostró que podía y lo sorprendió continuamente por su determinación para cumplir las tareas a tiempo e ir por más a veces

Hasta pasaba la noche en el trabajo ese fue un momento decisivo en su vida uno que no hubiera ocurrido si él no hubiese persistido hasta lograr el objetivo.

Número 3 cultiva el equilibrio y controla tus impulsos, una de las enseñanzas que John recibió de niño y que más valoro de su madre fue el control de uno mismo, gana la batalla porque significa ganar control en los demás era diferente del típico magnate corporativo un poder que no se centraba en exhibiciones ruidosas y llamativas ni en golpes de mesa para demostrar un estado de ánimo sino en una autoridad silenciosa tiene un comportamiento moderado.

Número 4 domina tu ego, el que fue el primer hombre en alcanzar una fortuna superior al billón de dólares, rutinariamente mantenía conversaciones consigo mismo que lo ayudaban a mantenerse estable y fuerte ante los miedos que a veces sentía "tienes mucha fortuna", pero si los campos petroleros se agotan.

Tenía temor de no poder soportar las presiones del negocio de no ser capaz de prolongar su prosperidad, de dejar que su ego se infla se sin que pudiera notarlo como hemos comenzado, creemos que somos buenos comerciantes, pero tengamos cuidado o perderemos la cabeza estemos firmes o vamos a dejar que el dinero no simple decía y se cuestionaba a sí mismo y para los demás enseñaba sólo los tontos se hinchan por el dinero.

Número 5 pon la máxima atención posible a los detalles, el biógrafo de Rockefeller chernoff escribió que éste parecía destinado a tener éxito no sólo por sus exigentes hábitos de trabajo, por su innata inteligencia y por su olfato para los negocios, también pesaba mucho su extrema meticulosidad y es que todo debería de ser estudiado con cuidado en lo personal Rockefeller.

Durante toda su vida adulta se presentó bien arreglado y cuidadosamente, bien vestido su rostro se mantenía afeitado y sus zapatos brillaban, por un lustrado deslumbrante cuidaba su puntualidad, no se permitía llegar tarde a ninguna cita o reunión, era fiel creyente de que ningún hombre tiene el derecho de malgastar el tiempo de otro innecesariamente, cada negocio que hizo o pensó hacer fue revisado por completo hasta el más mínimo detalle nada quedaba al azar.

Número 6 si quieres ser rico tiene un propósito más allá de volverte rico, no conozco nada más despreciable y patético que un hombre que dedica todas las horas de sus días a hacer dinero por el bien del dinero eran palabras de Jon, aunque es cierto que fue un joven ambicioso que quería ser rico la motivación de construir su imperio no se alimentaba únicamente el deseo de ser millonario también había satisfacciones y propósitos personales.

Disfrutaba de su trabajo de su identidad como empresario, de la autonomía y de los desafíos diarios que se presentaban amaba ser Young y rockefeller y todo lo que implicaba bueno y malo.

Número 7 vive con prudencia y modestia aun cuando no debas hacerlo, mirando hacia atrás entre los factores que más moldearon la trayectoria del éxito de rockefeller se encuentra su decisión de arrastrar conocer y mesurar todos sus gastos y ahorros. Desde que era un adolescente Jon llevaba un historial estricto y preciso sobre sus finanzas en un pequeño cuaderno de bolsillo rojo al que denominó lectura ,como si fuera un anciano con mañas lo guardaba en una bóveda de depósito de seguridad lo trataba como una reliquia sagrada y eso era lo que significaba para él, porque fue una práctica que le enseñó el valor de cada dólar o centavo que ganaba y gastaba, influyó mucho en su vida y en todo lo que logró nunca fue un hombre despilfarrador apreciaba el dinero y el costo de obtenerlo.

Número 8 coordina y maneja tu negocio con números, siempre los números significaban todo para el magnate del petróleo conocía los números de su empresa por dentro y por fuera nada se le escapaba, prefería pasar horas documentando sede todo lo referente al negocio, antes de simplemente escucharlo por sus empleados si tienes los ideales la capacidad de trabajo y te esfuerzas lo suficiente para convertir tu emprendimiento en una empresa y tú la cabeza.

Es posible que por el crecimiento no puedas estar involucrado en el funcionamiento diario como al inicio, pero debes conocer todos los números no es algo opcional sólo tú puedes velar de que todo vaya de acuerdo a tus planes y consideraba que los números son reflejo del éxito o el fracaso.

Número 9 disciplina hoy mañana y siempre la disciplina, es un factor común en todas las personas exitosas del mundo, nadie alcanza la gloria la cima o se convierte en un campeón sin esta gran habilidad, Rockefeller era un maestro sin título en esta materia.

La disciplina es un arte que su popular irradiar a todos los que lo rodeaban era un hombre de horarios inquebrantables y metas impostergables, no existe un buen fin sin disciplina o sin inspirar a quienes lo siguen la disciplina y el éxito van de la mano.

Número 10 aprende a dominarte primero y podrás intentarlo después con el mundo, rockefeller trabajo entrenando a su cuerpo y a su mente todos los días de su vida adulta y a pesar de eso jamás logró controlarlos al 100% .Nadie puede hacerlo debido quizás a que las variables de la vida nos ponen a prueba en terrenos desconocidos constantemente y las emociones tienden a dominarnos, sin embargo consiguió dominarse a tal punto que logró combatir muchas adversidades y difamaciones en su contra, pese a ello pudo convertir a su empresa en una de las más prósperas del mundo ,ya él mismo era el hombre más rico del planeta

Número 11 toma descansos durante el día en especial después de comer, los descansos son necesarios no solo porque te ayudan a recargar las baterías, sino que cuando tomas una buena siesta también puedes escapar de tu trabajo y encontrar un ángulo diferente para enfocar un problema o proyecto incluso aclarar dudas como si o uno de los roles o deberes más importantes es tomar las decisiones estratégicas correctas, pues éstas determinan el futuro de todo el negocio si es positivo o negativo ,descansa cuando no encuentre soluciones consultarlo con la almohada reposa luego de cada comida

Número 12 tu vida y tu trabajo son un maratón a esfuérzate siempre, el verdadero éxito no se logra a punta de breves estallidos en medio del ajetreo, se construye con el tiempo por medio de consistencia y determinación en los tiempos de preparación educativa en la escuela y en la universidad ,alguna vez te pasó que dejabas la tarea para último minuto, las horas finales del día previo a la entrega y te lanzaste una noche entera para finalizar quizás conseguiste salirte con la tuya en ese entonces ,pero en los negocios eso no funciona trata tu trabajo como maratón asegurándote de dar tu mejor esfuerzo todos los días al menos hasta su retiro este fue el proceder de jong en la standard oíl corporation.

Número 13 compartimentación mental la clave del enfoque, John habló una vez sobre la importancia de enfocarse en lo crucial y dijo no muchos de nosotros los que no podemos lograr grandes cosas fallamos ,porque carecemos de concentración, porque no logramos concentrar la mente en lo que se debe hacer en el momento adecuado y no sabemos excluir todo lo demás cuando eres yo, te bombardean a diario con problemas situaciones tareas y distracciones debes saber mantener la concentración en un problema en particular o serás derrotado por todos .

Número 14 recuerda y utiliza los nombres de tus colaboradores, hacer este simple gesto significa que valoras a las otras a cambio obtendrás lealtad y respeto, por ese detalle se dice que rockefeller sabía los nombres de los 3000 empleados cercanos que tenía a su mando resulta difícil de creer especialmente teniendo en cuenta que en esa época no existían los teléfonos inteligentes o dispositivos electrónicos que hoy en día nos facilitan esas tareas pero aseguran que él sabía el nombre de todos los miembros de su equipo proveedores clientes empresarios y demás.

Numero 15 mantén un horario consistente el éxito se construye con consistencia y disciplina, de eso no hay dudas al respecto respetar los horarios es algo fundamental y necesario Jon era en extremo estricto en esto educaban a sus empleados, dándoles el ejemplo todos sus días eran regidos por horarios que muy pocas veces fueron alterados no perdonaba los retrasos ni a los que justificaban sus demoras en ese sentido no escuchaba razones.

Número 16 descansa los domingos, Rockefeller era un hombre de gran fe, un fiel creyente de dios por lo que atesoraba los domingos y los tomaba de descanso está bien si no eres religioso tampoco tiene que ser un domingo, pero si es necesario que te tomes un día a la semana para descansar no eres un robot así que asegúrate de recargar energías y de descubrir qué equilibrio quieres en tu vida.

Número 17 olvídate de los miedos cuando quieras pedir prestado, durante la guerra civil estadounidense Rockefeller tomó uno de los riesgos más grandes de su carrera pidió 100 mil dólares prestados para expandir su refinería de petróleo en tiempos de guerra nada es seguro y cualquier inversión puede irse a la basura, sin embargo jong apostó por sí mismo y logró sacarle provecho como nadie en esa época no apuestes cuando tengas todo en contra pero cree lo suficientemente en ti para ir en contra de todo si es necesario .

Número 18 no tomes licor, no fumes aléjate de los vicios, las creencias fuertes forman hombres de carácter esto ayudó a Jon a mantenerse alejado de muchos vicios, nunca bebió y nunca fumó lo cierto es que todos podemos tener una vida sin vicios y sin seguir un fanatismo sólo es cuestión de carácter, de querer un estilo de vida saludable con el cual podamos enseñar lo que significa la disciplina y el dominio de nuestras emociones y acciones.

Número 19 descubre realmente qué es lo que quieres y ve por ello, es necesario que tenga su encuentre, es un propósito y saber por qué estás luchando, porque si tienes un negocio y tu plan es resolverlo todo, en el camino es probable que inviertas demasiado tiempo persiguiendo las cosas equivocadas.

Ninguna cantidad de dinero fama o nivel de autoridad será suficiente, porque cada vez que llegues a un nuevo nivel te darás cuenta de que no era lo que querías nunca estarás conforme y siempre seguirás buscando algo más concreto sin saber qué así que fija metas y abócate, enfócate a cumplirlas.

Número 20 piensa en el siguiente nivel no te estanques ,Rockefeller no creo la empresa petrolera más grande del planeta a los 31 años, se convirtió en la primera persona en valer un billón de dólares o se retiró como el hombre más rico de los EE.UU ,en vez de pensar en pequeño pensaba en grande en lo que a los demás les parecía fantasía o imposible ,sin importar en el nivel en el que te encuentres, siempre piensa en el siguiente nivel construye objetivos que te empujen hacia adelante rodéate de personas que estén en un nivel más arriba aprende todo de tus superiores para que pronto seas uno de ellos y una vez arriba levanta la cabeza y prepárate para seguir ascendiendo .

Número 21 entrega siempre tu mayor esfuerzo, no hay mucho que decir sobre esto no hay nada que explicar, porque sin trabajo duro es imposible alcanzar algún tipo de éxito o meta el trabajo duro el verdadero esfuerzo es la base necesaria para conseguir cualquier cosa que valga la pena en la vida no es algo discutible.

Número 22 habla menos y escucha más las personas, suelen confundir el buen liderazgo y la comunicación con la cantidad en lugar de la calidad y se debe aclarar que los mejores líderes, son aquellos que escuchan observan y asimilan todo porque cuando hablan lo hacen con autoridad hay fuerza e intriga en el silencio así que no te esfuerces en hablar demasiado a menos que tengas algo de valor que decir.

Número 23 practica la paciencia y la persistencia ,creo que pelear como un hombre de análisis y observación, dijo una vez no creo que haya otra cualidad tan esencial para el éxito de ningún tipo como la calidad de la perseverancia esta supera casi todo incluso a la naturaleza, el éxito no sucede por sí solo debes ir por el iconos y yo responsable de un negocio u hogar no debes entender la mentalidad de un hombre exitoso, debe contener ciertas cualidades o habilidades como la persistencia resistencia fe y sobre todo paciencia

Número 24 cuando haya crisis busca la calma, todas las grandes empresas caen en crisis al menos una vez en la vida ,con desespero jamás se soluciona nada así que en esos momentos respira hondo medita apártate un segundo y busca la calma ,encontrando la calma se halla en las mejores soluciones, Rockefeller no era un maestro encontrando la calma ,pero se refugiaba en ella de lo contrario sería para él imposible salir adelante ante las continuas campañas de denuncias y difamación sobre sus prácticas comerciales y más aún a cuando debió enfrentar un juicio ante la corte suprema de los estados unidos .

Número 25 ama lo que haces, es cuando amas lo que haces tu trabajo deja de ser un peso y se convierte en un algo que deseas hacer, inclusive cuando estás en tus tiempos libres lo que hace es debes hacerlo con pasión y no por obligación bajo ese principio el éxito estará a tu alcance Rockefeller fue un hombre que logró todo lo que se propuso y mucho más.

No fue suerte fue su personalidad sus férreas convicciones y su determinación indomable los principales factores de su éxito pasó de ser un niño de campo que cuidaba pavos, al empresario más valioso e influyente del mundo uno que podía manipular el precio del recurso más importante de esos tiempos el petróleo, si buscas más información de cómo empezar a emprender te apasionan los negocios y las estrategias digitales, si sientes que esto es para ti entonces empieza (el futuro se forja).

Pon este conocimiento en práctica y veras como tu entorno cambia, tus negocios mejoran, tu nivel de vida aumenta, tu mente se expande, pero práctica, ya que la práctica hace al maestro.

Anécdota a la edad de 30 años trabajaba un profesor de inglés por solo 12 dólares al mes, en una universidad de su ciudad natal, veinte años más tarde se había convertido en la persona más rica de china y en uno de los empresarios más exitosos del mundo.

Tras liderar una revolución digital sin precedentes en su país como lo logró el protagonista de esta historia es Mai mejor conocido a nivel internacional como jack Ma quien nació el 10 de septiembre de 1964 en una familia humilde en la región de Hangzhou capital de la provincia de Zhejiang en china. Mai fue criado sin comodidades ni lujos, bajo las estrictas reglas marxistas del régimen comunista chino.

Creció junto con su hermano mayor y su hermana menor en aquella época fun show era una ciudad, que se encontraba sumamente alejada y asolada prácticamente aislada del mundo por lo que las oportunidades de progreso en el lugar eran muy limitadas, sin embargo, todo cambiaría en el año 1972 cuando Richard Nixon el entonces presidente de los EE.UU, estuvo de visita en la ciudad después de aquella visita oficial el turismo en la región se incrementó considerablemente permitiendo a muchos de sus habitantes mejorar económicamente gracias al dinero que dejaban los visitantes en la escuela Ma nunca fue un estudiante sobresaliente y constantemente ,se involucraba en peleas con sus compañeros.

Matemáticas siempre fue la asignatura que más problemas le dio, incluso él mismo ha reconocido en varias entrevistas que los números no son los suyos, sin embargo acaba por ser extremadamente curioso lo que le llevaría a despertar el interés por aprender inglés al ver la creciente llegada de turistas angloparlantes a su ciudad ,con 12 años de edad todas las mañanas durante más de 8 años, condujo su bicicleta por aproximadamente 60 minutos desde su casa hasta el hotel internacional de Hangzhou, donde hacía voluntariado como guía turístico con los visitantes para practicar el inglés fue justamente en su labor como guía que recibió el apodo de Jack, por parte de un turista siendo este un nombre más fácil de pronunciar por los extranjeros que su nombre real durante su juventud, como muchas personas del común más para entrar a la universidad en las instituciones de educación superior.

En china los exámenes tenían un gran nivel de exigencia académica y se realizaban sólo una vez al año Ma se postuló en el Hans of teachers institute, en la actualidad conocido como hand subnormal university, presentó el examen tres veces y no pasó, sin embargo, él no estaba dispuesto a rendirse así que decidió intentarlo una vez más y finalmente logró ingresar para cursar el programa de licenciatura en letras de inglés.

Durante su estadía académica conoció a Zhang jing quien se convertiría en su esposa de toda la vida y con quien tendría dos hijos, ambos se graduaron en 1988 luego de obtener su título Ma trató de encontrar trabajo en diversos lugares, pero en todos y cada uno de ellos lo rechazaron, dijo me postulé a trabajos 30 veces y fui rechazado. Fui a postularme a la policía y me dijeron no eres bueno, incluso fui a kfc cuando llego a mi ciudad ,24 personas se postularon para el trabajo y 23 fueron aceptadas, yo fui el único al que rechazaron comentó Jack Ma en una en el foro económico mundial del año 2015, eventualmente consiguió trabajo junto con su esposa como profesores de la universidad janzur ians y pese a que se trataba de un trabajo estable consideraban que ganaban muy poco pues su salario era de sólo 12 dólares al mes.

En 1994 fundó hand show jaibol translation, un pequeño negocio en donde se dedicaba a realizar traducciones del mandarín al inglés un año más tarde uno de sus clientes que era el dueño de una empresa internacional le solicitó a Ma que lo acompañara como traductor a un viaje de negocios a EE. UU y él accedió, sin tan siquiera imaginarse que ese viaje cambiaría por completo su vida.

Al llegar allí quedó impresionado por todo el desarrollo industrial y tecnológico del país norteamericano que contrastaba drásticamente con las limitaciones de la región en que creció ,pero sin duda lo que más le sorprendió fue interactuar por primera vez con el internet, un amigo suyo que vivía lo sentó y le dijo ,Jacques esto es internet lo que sea lo puedes encontrar a través de internet lleno de curiosidad escribió la palabra cerveza y realizó una búsqueda para verificar que lo que su amigo le había dicho era cierto, al obtener los resultados quedó fascinado con la tecnología, pero a la vez intrigado porque se pudo dar cuenta de que en las búsquedas no aparecía ninguna empresa china.

Siguió indagando y se percató de que apenas había información sobre su país, fue entonces cuando vio la oportunidad de desarrollar un portal para que las empresas chinas pudieran darse a conocer en el mercado internacional ,al regresar de su viaje consiguió con sus amigos un préstamo por dos mil dólares y creó la primera compañía china de internet china page, una clase de páginas amarillas online que presentaban información en inglés de las empresas del país con el sitio en línea ,comenzó a contactar empresas para proponerles que se anunciaran en él ,sin embargo la labor fue más complicada de lo que pensaba pues aún las empresas del país se mostraban muy escépticas con respecto a internet, decidió entonces que buscaría apoyo del gobierno para avanzar en su objetivo así que viajó hasta Beijín con la esperanza de asociarse con el cuerpo de gobierno responsable control de información en el país.

Corría el año de 1995 y sólo habían transcurrido dos años desde la llegada de la conectividad ip a china ,además los medios de comunicación en el país estaban estrictamente controlados por el gobierno por lo que era todo un reto para 'jack' lograr apoyo para su proyecto tras varias reuniones con diferentes entidades del gobierno en las que trató de mostrar el potencial que internet tenía para el comercio chino, sólo consiguió estrellarse con la enorme burocracia que imperaba en el país dichas entidades tenían muy poco interés en asociarse con un desconocido profesor de inglés.

Así que una vez más Jack Ma experimentó en carne propia la rudeza del rechazo ,pese a todo china page pudo lograr un éxito significativo lo que atrajo la atención de Hanson telecom una empresa gubernamental que había empezado a ofrecer un servicio similar al diseñado por jack temeroso por tener que competir con una organización respaldada por el gobierno ,llegó a la conclusión de que la única forma de sobrevivir era aliándose con Hans o telecom ambas compañías se unieron para crear un conjunta pero las cosas no funcionaron y Ma terminó abandonando el proyecto poco tiempo después al percatarse de que sus opiniones no tenían peso en las decisiones que se tomaban, para 1998 la fiebre de internet se tomaba 'Wall Street' cada día nuevas compañías online salían a cotizar al público generando miles de nuevos millonarios las empresas puntocom se convirtieron en las favoritas del mercado mientras tanto en Beijín china jacana se encontraba trabajando en la división de e-commerce del ministerio de gobierno ,apoyando a pequeños negocios para que se conectarán a internet y decidió que era el momento de intentarlo de nuevo en 1999 ya con la experiencia adquirida con china page y en su trabajo con el gobierno .Ma reunió en su departamento al showa un grupo de 17 amigos y los convenció para invertir capital y tiempo en su propuesta empresarial y su visión de mercado online que llamó alibaba por el personaje de alí babá y los 40 ladrones .

Afirmando que las personas creían que éste era un ladrón ,pero que en realidad él no y al personaje esa sino, como alguien que ayudaba a las personas de su aldea yo no sabía nada de tecnología ni 'management', pero no tienes que saber sino encontrar gente más inteligente que tú al contratar busco personas más inteligentes que yo , cinco años más tarde podrían ser mi jefe me gustan las personas positivas y que nunca se den por vencidas ,luego mi trabajo es asegurarme que trabajen en equipo comentó el empresario su idea era construir un Marketplace conectar a las medianas y pequeñas empresas chinas involucradas en el comercio global es decir aquellos fabricantes sociedades mercantiles y mayoristas que ya eran parte de la cadena global de suministros para que pudieran vender a clientes de todo el mundo a través de internet ,según sus propias palabras alibaba sería el 'ábrete sésamo' de las pequeñas empresas a los mercados globales con una idea clara una gran visión y mucha determinación ya aquí su equipo comenzaron a trabajar día y noche en el desarrollo del proyecto pasaron 7 meses aislados del mundo encerrados en el departamento enfocados totalmente en su para que la plataforma estuviese lista.

Cuanto antes en octubre en 1999 alibaba finalmente salió de su guarida y fue presentada de manera oficial en una conferencia de prensa en Hong Kong en la que Ma también anunció una ronda de inversión en la empresa por 5 millones de dólares dirigida por Goldman Sachs, la noticia empezó a difundirse por todas partes poniendo a jack y alibaba en el centro de atención de los medios. En enero del año 2000 alibaba recibió una inversión adicional de 20 millones de dólares, por parte de softbank una corporación de telecomunicaciones e internet japonesa, gracias a estas inversiones y a la difusión mediática la plataforma comenzó a crecer atrayendo masivamente tanto exportadores chinos como a compradores mayoristas de todo el mundo que ahora podían encontrar fácilmente proveedores del país asiático, sin embargo Alibabá en sus inicios no producía ganancia alguna ,pues el objetivo de su fundador era expandirse y posicionarse a nivel internacional rápidamente así que no dude en sacrificar la rentabilidad en el corto plazo para para marzo del 2000, el equipo de Alibabá se incrementó significativamente obligando a la compañía a dejar el departamento en que inició sus operaciones para mudarse a unas oficinas mucho más grandes.

Pese al crecimiento constante de la compañía los sueños de Jack se verían afectados radicalmente, debido a lo que sucedía en occidente mientras en china comenzaba a sentirse el furor que desataba el potencial de internet y alibaba concentraba sus esfuerzos en expandirse a nivel internacional en Europa y Norteamérica, estallaba la llamada burbuja de las puntocom tras la caída estrepitosa del índice bursátil Nasdaq miles de empresas de internet quebraron y millones de inversionistas quedaron arruinados generando desconfianza en los mercados frente a la industria digital, sin embargo no sería lo suficientemente persistente como para mantenerse en pie durante los momentos más complicados de la crisis con el objetivo de organizar un poco la gestión internacional de la empresa jack ,decidió mover el centro de operaciones en inglés de alibaba a silicón valley ,esta decisión favoreció la imagen de la compañía ante el mundo termino profundizando los problemas operativos y de gestión que ya enfrentaban en cuestión de meses.

La decisión fue revocada ocasionando una serie de despidos masivos en las oficinas estadounidenses. Esto supuso un fuerte golpe emocional para Jack quien se sentía culpable por lo sucedido y comenzaba a mostrarse falto de confianza frente a sus colegas para el año 2001, la crisis de internet se agudizaba en el mundo y alibaba no escapaba de ella la compañía seguía sin generar beneficios y la prensa caía sobre ella, prediciendo su desaparición preocupando así a los inversores y directivos, para ahorrar dinero tuvieron que despedir casi a todo el equipo internacional ,eliminar presupuesto en publicidad y volver a funcionar completamente en china.

Aun así la situación financiera de la empresa seguía siendo insostenible la prioridad para la compañía en ese momento era lograr estabilidad y poder sobrevivir ,así que pusieron en marcha un plan operativo para organizar el funcionamiento de la empresa este plan permitió fortalecer la cultura empresarial y optimizar los procesos sólidas, bases para soportar el crecimiento acelerado que enfrentaban ahora el siguiente reto era lograr ser rentables, por lo que comenzaron a evaluar fuentes de ingresos para la plataforma, luego de analizar datos , cifras y de conversar con usuarios registrados.

Se dieron cuenta de que los empresarios, podrían estar interesados en pagar por aparecer en los primeros lugares de las listas de resultados en Alibabá, entonces lanzaron un servicio pago que permitía a los exportadores tener una presencia Premium en el sitio, este nuevo servicio tuvo gran acogida entre los usuarios pero los ingresos que generaba seguían siendo insuficientes para cubrir los gastos de la empresa ,sin más opción redujeron el presupuesto de marketing a cero e hicieron recortes en los salarios de los ejecutivos de alto nivel para que la compañía soportará la crisis que atravesaba las estrictas medidas tomadas surtieron efecto y para finales del año 2002 Jack reunía a su equipo para darles la buena noticia, por primera vez en su historia alibaba había conseguido ser rentable ese año la compañía obtuvo beneficios por más de 60 mil dólares demostrando que no sólo estaba sobreviviendo a la burbuja de internet, sino que además comenzaba a consolidarse en la industria la empresa se veía más fuerte que nunca y parecía al fin tener una ruta clara de crecimiento, pero la vida pondría a prueba una vez más la tenacidad ,Emma y su equipo a comienzos del 2003, se conoció la noticia de que un brote de SARS ocasionado por un tipo de coronavirus ,había estallado semanas atrás en el sur de china y estaba propagándose rápidamente por el país, uno de los trabajadores de Alibabá contrajo el virus ,obligando a que el equipo entero entrar en cuarentena.

Fueron forzados a cerrar su base de operaciones y tuvieron que hacer grandes esfuerzos para adaptarse a la situación y mantener la plataforma funcionando 400 empleados, llevaron sus computadores a casa y operaron de manera virtual el equipo aceptó el desafío y se mantuvo optimista ante esta situación cuando la cuarentena terminó parte del equipo de Jack se comunicó con porter arisman el entonces vicepresidente Alibabá para decirle que se preparará ,porque estaban a punto de enfrentar el mayor reto de la compañía.

Hasta el momento uno, que definiría su destino para siempre en EE.UU, la industria digital se recuperaba y crecía a un ritmo imparable las empresas que habían logrado sobrevivir a la burbuja de internet se consolidaban como verdaderos imperios moviendo miles de millones de dólares en transacciones por todo el mundo, una de estas empresas era ebay que ya se posicionaba como la compañía de internet más valiosa del mundo con presencia en más de 150 países incluyendo china ,era esa presencia en china lo que preocupaba a Jack tres años antes ebay ,había comprado gran parte snet un clon chino de ebay por lo que indirectamente ya tenía parte del mercado de china en su poder y sería sólo cuestión de tiempo para que la plataforma entrar a competir directamente con Alibabá.

Poniendo en riesgo su negocio para evitar esto se reunió en secreto con parte de su equipo en el departamento donde nació la empresa para diseñar la estrategia con la que enfrentaría la guerra en contra, es un tiburón en el océano nosotros somos un cocodrilo en el río Yangtsé si peleamos en el océano perderemos, pero si peleamos en el río ganaremos eran las palabras con las que Jack preparaba a su equipo para la batalla.

Mientras el resto del staff seguía en cuarentena este pequeño equipo secreto trabajó incansablemente en un nuevo proyecto, durante varios meses finalmente en mayo del 2003, fue lanzada su creación tabaco que significa búsqueda del tesoro, una plataforma situsi con la que la compañía buscaría ganarle terreno a ebay, antes de su llegada al mes siguiente los miedos de Jack se hicieron realidad. Ebay anunció la compra del resto de Disney y la inversión de 150 millones de dólares en el negocio con ebay ,dispuesto a dominar el mercado chino alibaba comenzó a mover sus fichas organizó un evento para hacer la presentación oficial de tobacco, frente a los medios y anunció que la plataforma sería gratis para todos los usuarios por tres años, pero eso no era todo la compañía también presentó al público para una nueva plataforma de pagos que permitía realizar transacciones desde una cuenta virtual y que mantenía el dinero en la cuenta del cliente hasta que éste recibiera su pedido la estrategia de Jack se centraba en dos puntos clave, en primer lugar el sitio fue construido enfocándose totalmente en el consumidor chino ,pues hasta ese momento las plataformas similares que operaban en el país no eran más que copias del modelo americano y en segundo lugar ofrecer el servicio gratuitamente era algo que ebay no contemplaba ,porque su modelo de negocio se basaba justamente en cobrarle a los usuarios por su parte ,ebay buscaría integrar isner que ya contaba con más de 10 millones de usuarios con su plataforma global manteniendo solo algunas características que eran muy populares entre usuarios chinos con las fichas jugadas ,inició la guerra entre estos dos ambiciosos rivales las semanas transcurrieron y tobacco comenzó a hacerse muy popular entre los jóvenes chinos gracias al enfoque y las características del sitio mientras que ebay con sus recursos casi ilimitados desplegaba costosas cañas publicitarias para mostrarse dominante ante el mercado y los medios percibían esta guerra como una batalla entre David y Goliat.

Entender el mercado local fue sin duda el gran determinante en esta batalla las funciones que tobacco había desarrollado pensando en el consumidor chino lograron que la plataforma creciera mucho más rápido que su rival, además fue cuestión de tiempo para que los usuarios chinos de ebay comenzaran a abandonar la plataforma y migrar ,para el año 2005 la batalla se había intensificado y ebay decidió aplicar sus esfuerzos anunciando una inversión adicional de 100 millones de dólares y declarando que estaba en camino a convertirse en los ganadores indiscutidos en china, pero en EE.UU, los inversionistas se mostraban preocupados por las dificultades que la empresa enfrentaba en el mercado del país asiático, los días pasaban y los resultados de ebay en china empeoraban por lo que make whitman ,quien ejercía como sijoe de la compañía decidió reunirse con Jack Ma para discutir una posible asociación que pudiera conducir a un cese al fuego ,no sentirse alineado con la visión de whitman quien se mostraba más preocupada por complacer a Wall Street' ,que por contribuir al desarrollo del comercio electrónico en china el show de Alibabá rechazó la propuesta de asociación, haciendo que la batalla alcanzará su punto máximo de atención.

Mientras iba y se preparaba para dar su siguiente golpe Alibabá sacó un as bajo la manga que sorprendió a su rival y al mundo entero, la compañía china recibió una inversión de mil millones de dólares de Yahoo! a cambio del 40% de sus acciones, además con este trato Alibabá se haría cargo de las operaciones de Yahoo! , china para competir directamente con google y baída este fue uno de los más grandes negocios en la historia de internet y desató un frenesí en los medios, pero también representó problemas a nivel organizacional y político para Jack Ma y Alibabá con Yahoo! como principal accionista y una fuerte inversión en su cartera alibaba estaba lista para derrotar definitivamente a su rival norteamericano en el año 2006 los números de tobacco superaron por primera vez .

La guerra no terminó ahí Alibabá tenía planeado un último ataque con los ojos de Wall Street y de los medios encima la compañía anunció, que todo sería gratis por tres años más e invitó a ebay a hacer lo mismo el golpe fue devastador tras el anuncio las acciones de ebay cayeron un 5% y la noticia hacía eco tanto en china como en EE.UU durante el siguiente año tobacco ,continuó ganando mercado a ebay ,"quien finalmente se dio" eliminando sus honorarios para atraer nuevos usuarios ,pero la decisión llegó un poco tarde para finales del 2006 ebay anunció el cierre de su sitio web en china.

Dejando como líder absoluto del mercado a tobacco y poniendo fin a una guerra que se había librado por años ya sin la presión de ebay y encima ya aquí su equipo estaban listos para dar un gran paso en su carrera empresarial, la oferta pública y ayudaba a finales del año 2007, la compañía hizo su debut en la bolsa de hong Kong logrando casi que triplicar el valor de sus acciones en su primer día de era un hecho ese pequeño negocio digital ,que nació en un departamento en el show se había convertido en una de las empresas tecnológicas más importantes del mundo, pero la ambición de más no cesaría aquí a medida que alibaba crecía comenzaron a identificar nuevas oportunidades de negocio en el año 2008 la compañía lanzó su nueva plataforma timón una especie de centro comercial online cuyo principal propósito es conectar a grandes marcas chinas directamente con sus consumidores, en 2010 lanzaron aliexpress una plataforma orientada al mercado internacional, en la que tanto empresas como particulares pueden comprar y vender casi que toda clase de productos.

En el 2012 los conflictos entre alí babá y Yahoo! se agudizaron por lo que Alibabá optó por recomprar gran parte de la participación que Yahoo! ,había adquirido este sería el inicio del fin definitivo de la relación entre ambas compañías, ese mismo año Jack anunció que dejaría su cargo ,pero que permanecería ejerciendo como preside centrándose en la visión estratégica de la compañía el desarrollo del talento para hacer crecer el equipo de liderazgo interno y dirigiendo esfuerzos de responsabilidad social corporativa ,tengo 48 años ya no soy lo suficientemente joven como para dirigir un negocio de tan rápido crecimiento cuando tenía 35 años era muy enérgico y fresco no tenía nada de qué preocuparme la próxima generación de personas de Alibabá está mejor equipada para administrar un ecosistema de internet ,como el dijo el empresario chino en una entrevista para el año 2013 el grupo empresarial Alibabá ya dominaba alrededor del 80 por ciento del comercio electrónico en china y manejaba transacciones por más de 248 mil millones de dólares a través de sus tres principales mercados online ,superando a ebay y Amazon en conjunto.

En el año 2014 debido a un acuerdo fallido con los reguladores de la bolsa de hong Kong, Alibabá decidió migrar a Wall Street' para realizar una nueva oferta pública de venta la ip se realizó en el mes de septiembre de ese mismo año en la bolsa de nueva york y se convirtió en la opidi más grande de la historia hasta ese momento ,logrando una capitalización por 25 mil millones de dólares y convirtiendo a Jack en la persona más rica de china durante los siguientes años Alibabá Group lanzaría al mercado una amplia gama de servicios, como Alibabá cloud una empresa de soluciones en la nube y de inteligencia artificial Alísports una plataforma que busca impulsar la industria del deporte en su conjunto gemma supermarket un nuevo concepto de supermercado ,Alibabá entrepreneurs found una organización dedicada a apoyar financiera y estratégicamente proyectos de emprendedores también compraría importantes compañías como joe que la mayor plataforma de streaming de china y lassad a la empresa de comercio electrónico más importante del sur de Asia en septiembre del 2019 cumplió sus 55 años y renunció a la presidencia. Ya elevaba según él para dar paso a otras mentes más jóvenes, sin embargo, mantiene una participación en el grupo administrativo de la compañía sin estar vinculado y la mente con las decisiones de la junta directiva el fin de una era y el comienzo de una nueva.

Había llegado el encargado de reemplazarlo fue Daniel Sanz, quien hasta entonces ejercía como director ejecutivo de la empresa ,actualmente Alibabá se consolida como uno de los grupos empresariales más grandes del mundo, con inversiones en sectores como cloud computan inteligencia artificial streaming domicilios redes sociales finanzas marketing deportes supermercados y por supuesto comercio electrónico sus servicios compiten directamente con compañías como ebay, Amazon, google, Facebook ,YouTube y visas ,entre muchas otras la compañía tiene un valor en el mercado de más de 480 mil millones de dólares y genera ingresos por más de 51 mil millones de dólares al año Jack por su parte sigue ostentando el reconocimiento de ser la persona más rica de china, con una fortuna personal de más de 39 mil millones de dólares según la revista Forbes ,también es considerado como una de las personas más innovadoras y poderosas del mundo diversas publicaciones ya sin la carga de dirigir una compañía multimillonaria. Se ha enfocado en labores filantrópicas a través de sus fundaciones apoyando causas relacionadas con el medio ambiente ,el empoderamiento de las mujeres, la educación rural mejoramiento de la salud y el desarrollo económico y social ,así concluimos la inspiradora historia de Jack Ma, hoy un exitoso empresario que no se rindió ante los múltiples obstáculos que enfrentó a lo largo de su vida y que con visión estrategia y determinación se encargó de liderar el proceso de desarrollo del comercio electrónico en china, construyendo una de las empresas más poderosas del mundo y convirtiéndose en multimillonario en el proceso, en sus propias palabras un emprendedor debe tener habilidades que le permitan aguantar los golpes del destino y superar los inevitables fracasos que significa el fracaso realmente no hay mayor fracaso que dejar de luchar por algo que quieres alcanzar.

Prosiguiendo líder cómo estás hoy es un día maravilloso es un día espectacular ,decía mahatma Gandhi "tus creencias se convierten en tus pensamientos " "tus pensamientos se convierten en tus palabras "y " tus palabras se convierten en tus actos" " tus actos se convierten en tus hábitos" " tus hábitos se convierten en tus valores" " tus valores se convierten en tu destino", los buenos hábitos son difíciles de adquirir pero son buena compañía para siempre ,los malos hábitos son fáciles de adquirir pero son una mala compañía de por vida , si leíste atentamente lo anterior entenderás que nosotros somos lo que hacemos repetidamente, decía Aristóteles "la excelencia no es un acto aislado sino un hábito esto quiere decir una cosa si quieres atraer abundancia riqueza éxito plenitud felicidad y todo este tipo de cosas positivas a tu vida primero debes desarrollar los hábitos de la gente más exitosa y de la gente más rica entonces hacerse rico no es un acto es un hábito " ,es precisamente por eso que me enfocare a decirte y dejarte claro esto solo el 1% de la gente es exitosa y rica del mundo. Es por ello que si aplicas esto te ira mejor y sobresaltaras:

Los ricos están cerca de personas exitosas y ricas, Enron decía (eres el promedio de las cinco personas con las que más tiempos pasas), con quien sea que estés pasando la mayor parte del tiempo te convertirás en quien sea que sea en la vida, así que tu patrimonio neto está determinado por su red, si realmente deseas obtener todo en la vida necesitas pasar tiempo con personas exitosas.

Con personas que sean hagan y tengan lo que tú deseas y quiero que entiendas algo la capacidad de tu cerebro la capacidad de tu mente para adoptar los hábitos la mentalidad y las creencias de las personas que te rodean la mayoría de las veces son enormemente increíbles, así que elige sabiamente y con cuidado tus relaciones, eleva tu nivel de relaciones y pasa más tiempo con las personas exitosas así que por lo tanto no importa lo que haga falta asociarse con las personas adecuadas.

Los ricos leen y se educan, si algo en común tienen las personas realmente ricas es que leen gran parte del día, pero no leen cualquier tipo de libros, leen libros educativos y de superación personal, de desarrollo personal, de crecimiento definitivamente.

Lo que pasa es que la gente pobre no está dispuesta a leer, así que el crecimiento proviene de leer y educarse diariamente, responde la siguiente pregunta ¿cuántos libros te lees al año?, déjame decirte algo tu resultado en la vida depende de la gente con la que te asocias de la gente que escuchas y de los libros que lees ,si lees más serás más, si eres más harás más, si haces más tendrás más, esta es quizás la respuesta por la que tú no tienes lo que quieres en tu vida, empieza a tomar el hábito de la lectura y en cinco años verás cómo tu vida cambia drásticamente. Decía Garzón desarrollar buenos hábitos de lectura, es algo así como ser campeón de levantamiento de pesas, el campeón no entra al gimnasio un día y comienza levantando 250 kilogramos, el tonifica los músculos comenzando con pesas más livianas siempre ejercitándose preparándose para más.

Eso mismo sucede con los logros intelectuales desarrollamos, nuestra mente al leer al pensar y descubrir cosas por nosotros mismos, empieza hoy mismo a leer toma el hábito de la lectura y verás cómo tu vida empezará a cambiar.

Los ricos cuentan su dinero diariamente ,decía Michael Phillips "el dinero es un espejo un examen de su dinero y la forma en que usa el dinero es una forma de comprenderse a sí mismo de la misma manera que un espejo proporciona una forma de verse a sí misma las personas ricas cuentan su dinero regularmente tienen conocimientos financieros saben perfectamente lo que hacen saben cómo generar administrar e invertir la riqueza", los pobres por otro lado no cuentan su dinero reciben un cheque de pago, gastan el dinero no tienen ideas de cuáles son sus gastos y no tienen ni idea de cómo fluye el dinero o hacia dónde va.

Los ricos, los realmente ricos siempre son muy conscientes de cómo fluye su dinero y hacia dónde va todos los días, las personas ricas tienen la costumbre o el hábito de mirar sus números e iniciar sesión en sus cuentas bancarias revisan regularmente su flujo de caja sus gastos sus ingresos y sus reservas así que la pregunta del millón de dólares es la siguiente cada cuanto revisas tus finanzas.

Los ricos hacen ejercicio y medita ganar dinero requiere fuerza de voluntad y trabajo también lo hace el ejercicio y comer bien cuidar de tus finanzas y de tu salud van de la mano cuerpo sano mente sana, el ejercicio mantiene el cerebro sano minimiza el estrés y mejora la memoria esos son todos atributos útiles si quieres hacer algunos movimientos inteligentes de dinero además los estudios demuestran que el ejercicio puede aumentar la creatividad y la productividad hasta en 2 horas.

También te hace más inteligente cuidar el cuerpo es muy importante, pero nuestra mente también es algo a lo que debemos prestarle mucha atención es realmente bueno sentarse por un segundo y meditar esto permite calmarse y despejar la mente, gracias a eso podemos comenzar todas las actividades diarias de manera diferente a muchas cosas si no tienes idea de cómo comenzar con la meditación, puedes usar una de las aplicaciones móviles disponibles donde escucharán la voz tranquila que le dice exactamente qué hacer si meditas constantemente puedes aumentar la productividad y calmarte después de cualquier situación desagradable.

Los ricos se pagan primero, si quieres entender más a profundidad de este hábito ,George Grayson dice que "se debe ahorrar el 10% de su dinero para invertir y pagarse el 10 por ciento, si quiere estar en el 1% y si quiere permanecer en el 1%, tendrá que ahorrar dinero como nunca lo ha hecho y no estamos hablando del 10% ,estamos hablando completamente del 20 por ciento de sus ingresos, sin embargo algunos ricos ahorran hasta el 50% o más de lo que ganan usted decide con qué empezar pero mínimo empiece con el 10%", entonces primero va a tomar un porcentaje de sus ingresos para pagarse a sí mismo y luego lo ahorra y lo invierte, el secreto está multiplicar el dinero que ahorras si eres capaz de ahora en adelante de aplicar estos hábitos, estos hábitos de ricos a tu vida el éxito y la riqueza llegará a tu vida en mayor proporción, sin embargo es importante dejar algunos malos hábitos, porque estos son los mayores enemigos de una persona ambiciosa de ahora en adelante no creas en la suerte la suerte puede cambiar drásticamente la vida de una persona digamos que uno ha ganado la lotería se volverá muy famoso y rico claro que sí ,sin embargo mantener el dinero es la parte más difícil si confías en la suerte, entonces puedes tener suerte por un corto periodo de tiempo y luego comenzarás a desmoronarse deja de fumar los fumadores, deben dejar de fumar si quieren tener éxito fumar definitivamente te impide tener éxito ,porque el dinero gastado para comprar cigarrillos puede invertirse en usted o en su empresa si miras a las personas realmente exitosas y ricas como por ejemplo Bill Gates, Warren buffet, dan luck ,wes Brown ,etcétera .Fuma claro que no ellos entienden que el tiempo es invaluable ,no más alcohol demasiado alcohol te dará resaca todo el día y por lo tanto no podrás concentrarte ni trabajar lo que te llevará a perder una cantidad de tiempo preciosa y una última cosa no más levantarse tarde.

Definitivamente quedarse despierto toda la noche es un muy mal hábito intenta convertirse en un jornalero despiértate temprano todos los días y comienza a construir tus sueños dormir todo el día te impedirá ser productivo ya que te sentirás más perezoso recuerda si repites una acción diariamente de 21 a 30 días se deformará el hábito la diferencia entre los que triunfan y los que fracasan radica en sus hábitos. Entiende los pensamientos nacen.

Las acciones repetidas forman los hábitos y los hábitos forjan nuestro destino somos personas de hábitos los buenos hábitos son la clave del éxito y la riqueza los malos hábitos son la puerta abierta al fracaso.

Todos tenemos una forma de pensar personal, respecto al dinero arraigada en nuestro subconsciente y es esta forma de pensar más que cualquier otra cosa lo que determinará nuestra vida financiera, puedes saberlo todo sobre mercadotecnia, ventas, negociaciones, propiedad inmobiliaria y finanzas en general, pero si tu patrón del dinero no está programado para el éxito y la riqueza nunca tendrás mucho dinero y si algún modo la consigues lo perderás con gran facilidad.

La buena noticia es que aplicando las sencillas instrucciones de este libro, puedes programar de nuevo tu patrón del dinero para que te lleve al éxito económico de una forma natural y automática ,tu patrón del dinero es simplemente tu modo de ser en relación con el dinero ,está compuesta por una combinación de tus pensamientos sentimientos y tus acciones en relación con el dinero pasar esta es la fórmula del proceso de manifestación los pensamientos llevan a sentimientos, los sentimientos llevan acciones y las acciones llevan a resultados.

La gente pobre muchas veces cree que su problema es la falta dinero, pero entiende esto la falta de dinero no es nunca jamás un problema, debido a que la falta de dinero es un resultado, entonces es simplemente un síntoma del verdadero problema su patrón del dinero te gustaría saber cómo se formó tu patrón del dinero.

Tu patrón del dinero consta principalmente de la información o programación que recibiste en el pasado, especialmente de niño cuando eras todavía muy pequeño para la mayoría de la gente las principales fuentes de esta programación fueron sus padres ,hermanos ,amigos, profesores ,líderes religiosos, medios de comunicación y otras figuras de antigüedad, ya que nadie más nació pensando de una manera en particular respecto al dinero ni a cualquier otra cosa, la forma en la que pensamos ahora es el resultado de las influencias que recibimos ,sobre todo de nuestra tarde niñez.

Cuando empezamos a formar nuestro pensamiento, sin ser conscientes de ello nuestros pensamientos vienen de esos archivos de información que guardamos en nuestra mente, información que tenemos gracias a nuestra programación pasada, así que nuestro condicionamiento pasado es quien determina cada uno de nuestros pensamientos por eso a menudo se le denomina la mente condicional pero en ese ere tu programación lleva a tus pensamientos estos a tus sentimientos, estos sentimientos acciones y tus acciones y resultados de modo que nuestros resultados actuales, son productos de la forma en la que nos enseñaron a pensar, por lo tanto no importa dónde te encuentres ahora mismo de dónde estás empezando cambiando tu programación das el primer paso esencial hacia el cambio de tus resultados .

Hemos sido condicionados en todos los ámbitos de la vida, incluyendo el dinero de tres formas principales programación verbal consiste en todo aquello que hoy en día eres ,cuando eras pequeño acerca del dinero la riqueza y la gente rica muchos ejemplos se escuchan constantemente en frases como el dinero es el origen de todos los males .El dinero no crece en los árboles, el dinero es mejor , ser pobre pero honrado, el dinero no compra la felicidad ,es muy caro ,no podemos comprarlo ,el dinero destrucción y muchas cosas más.

Estos pensamientos quedan grabados en su subconsciente de la gente pero eso no quiere decir que sean ciertos realmente ,si tú eres consciente de que escuchaste este tipo de frases a veces debes comprender que esa forma de pensar en verdad, no procede de ti, sino de fuera por lo que puedes separarte de ellas y adoptar nuevas formas de pensar que te permitan lograr tu objetivo de hacerte rico en modelos de referencia en general tenemos a ser idénticos a uno de nuestros padres o bien adoptamos una actitud que es una combinación de la que tenían ambos tus padres gastaban mucho o eran ahorradores, eran hábiles inversores o no invertían, había constantemente dinero o más bien era escaso llegaban con facilidad o siempre era una lucha conseguirlo era una fuente de alegría o una causa de estrés y discusiones, si tus padres no fueron o no son ricos considera que tus formas de serie y sus hábitos con el dinero es algo que solo aprendiste en el pasado, pero que no realmente eres tú.

Siendo conscientemente de ello ,puedes elegir conscientemente nuevos hábitos más productivos, incidentes concretos que experimentaste cuando eras pequeño alguna vez,   hiciste algo que realmente ansiabas pero no te lo compraron porque no había dinero suficiente ,presencia estas discusiones de tus padres por dinero no tendrás dinero, pero no en un impedimento para muchas cosas ,estos incidentes pueden haber creado en ti sentimientos asociados con el dinero sentimientos de frustración amargura inseguridad y muchos más que significan verdaderamente el dinero para ti frustración dolor placer ,libertad ,seguridad estatus social saber esto te ayudará a conocer mejor tu patrón del dinero actual.

Sea como sea recuerda que este modo de ser es simplemente algo que aprendiste y que tienes la opción de elegir algo distinto si así tú lo deseas en general la gente rica piensa de una manera determinada y los pobres lo hacen de una manera totalmente distinta ,como ya sabemos esos modos de pensar orientan sus acciones y determinan sus resultados entonces si pensaras como lo hacen los ricos y lo que hacen ellos ,crees que tú también podrías hacerte rico pues, entonces lo único que tienes que hacer es copiar el modo de pensar de la gente rica, sin embargo los únicos pensamientos que puedes tener acerca del dinero son los que tienes guardados en tu archivo mental del dinero en este libro les proporcionare 17 archivos de riqueza que podemos adoptar y guardar en nuestra mente para pensar y actuar como lo hacen los ricos de ahora en adelante veremos los archivos de riqueza.

Número 1.- La gente rica piensa yo creo mi vida, la gente pobre piensa a la vez algo que me sucede. Si deseas crear riqueza debes tener la creencia de que tú estás al volante de tu vida financiera y que tus resultados dependen únicamente de ti, eres tú quien crea tu prosperidad o tu mediocridad.

Numero 2.-por lo general los pobres asumen el papel de víctimas y normalmente culpan a otros las situaciones externas por sus malos resultados, se justifican diciendo que el dinero no es importante se quejan de toda la riqueza y la gente rica juega el dinero para ganar, la gente pobre podrá parar no perder si tu intención es tener lo suficiente para pagar las cuentas, eso es exactamente lo que obtendrás justo lo suficiente y ni un céntimo más archivo de riqueza.

Número 3.- La gente rica se compromete a ser rica, la gente pobre desearía ser rica, hay una gran diferencia entre desear algo y comprometerse con algo si no estás completa total y verdaderamente comprometido a crear riqueza es muy probable que no lo consigas.

Número 4.-La gente rica piensa en grande, la gente pobre piensa en pequeño, un empresario es una persona que soluciona problemas y recibe una ganancia por ello pregúntate cómo puedes solucionar los problemas a 10 veces más personas de las que ahora abarca en tu empleo con negocio elige pensar en grande.

Número 5.- La gente rica se centra en oportunidades la gente pobre se centra en obstáculos.

Número 6.- La gente rica admira a otra gente rica y próspera, a la gente pobre le molesta la gente rica y próspera, en lugar de tener pensamientos negativos cuando veas a una persona rica o un auto de lujo bendice sus resultados.

Número 7.- La gente rica se relaciona con personas positivas y prósperos, la gente pobre se relaciona con personas negativas y sin éxito, le biografías de gente muy rica y exitosa mézclate con gente rica en un entorno rico y aléjate de la gente negativa y deja de ver malas noticias en la televisión.

Número 8.- La gente rica está dispuesta a promocionarse ella mismo, la gente pobre piensa de forma negativa en lo referente a la venta y la promoción a valorar tus cualidades hasta expertos en mercadotecnia y ventas.

Número 9.- La gente rica es más grande que sus problemas, la gente pobre es más pequeña a sus problemas, mientras que los pobres se quejan de sus problemas y buscan evitarlos los ricos encuentran la forma de solucionarlos y seguir adelante.

Número 10.- Los ricos son excelentes receptores, los pobres son malos receptores, aprende a recibir los halagos de los demás y a sentirte merecedor de riqueza siempre que recibas algo no siempre te muy agradecido recibir es tan importante como dar.

Número 11.- Los ricos eligen que se les pague de acuerdo a sus resultados, en cambio los pobres eligen que se les pague según el tiempo empleado, no hay nada malo de obtener un sueldo fijo a menos que interfieren, tu capacidad de ganarse lo que realmente te mereces el problema es que generalmente interfiere puedes empezar su negocio otro medio tiempo y negociar con tu empleador para que recibir una bonificación porcentual sobre tus resultados.

Número 12.- Los ricos piensan las dos cosas, los pobres piensan o esto o lo otro, en lugar de limitarse a tener sólo una de las dos opciones en tus situaciones diarias, piensa creativamente en cómo puedes lograr obtener ambas puedes tener dinero y ser feliz al mismo tiempo no lo crees.

Número 13.- Los ricos se centran en su fortuna neta, los pobres se centran en cuánto ganan con su trabajo, la verdadera medida de la riqueza no son los ingresos del trabajo sino la fortuna neta es decir el valor de todo lo que posees después de restar todo lo que debes centrarte bien hacer crecer tu fortuna neta no sólo en tus ingresos.

Número 14.- La gente rica administran bien su dinero, la gente pobre administra mal su dinero ,esta es una forma muy práctica de administrar tu dinero cada vez que recibas ingresos de cualquier tipo puedes distribuirlos de esta forma después de descontar los impuestos, 10% en tu cuenta y libertad financiera este dinero se usa únicamente para invertirlo, 10% en tu cuenta de juegos ingrediente a ti mismo con cosas con actividades que disfrutes ,10% en su cuenta de ahorros a largo plazo para compras de autos viviendas viajes ,10% en tu educación libros cursos talleres seminarios, 10% en tu cuenta de dar regalos donaciones todo es un 50 por ciento en tu cuenta para necesidades básicas.

Número 15.- La gente rica hace que su dinero trabaje mucho por ellos, la gente pobre trabaja mucho por su dinero, mientras los pobres cada vez trabajan más para poder ganar más dinero los ricos invierten en negocios y propiedades que les generan más ingresos sin que tengan que trabajar más por ellos.

Número 16.- Los ricos actúan a pesar del viento, los pobres dejan que el miedo los detenga, los ricos también sienten miedo de actuar en situaciones de riesgo o inseguridad. Sin embargo, los ricos saben que la acción es el puente entre sus pensamientos y sus resultados por lo que vencen ese miedo tomando acción rápidamente.

Número 17.- Los ricos aprenden y crecen constantemente, los pobres piensan que ya lo saben, comprométete con tu crecimiento lee al menos un libro al mes escucha audios y asiste seminarios sobre el dinero, negocios, un desarrollo personal, recuerda que conocer esta información es sólo un comienzo y serán tus acciones lo que realmente cuente, entonces tócate la cabeza y di tengo una mente millonaria, comenzare a cambiar para ser mejor.

Sabiendo todo esto pomos aplicar estas 6 lecciones del libro llamado el hombre más rico de babilonia ,puesto que es uno de los libros financieros más famosos y antiguos ,el libro cuenta una historia que sucedió en babilonia, durante la antigüedad el libro está escrito en forma de historia básicamente un joven le pide a una persona rica que lo guíe y el hombre rico le enseña lentamente las reglas de la riqueza la mayoría de las ideas en el libro parecen ser de sentido común, pero eso no significa que también sea una práctica común

Número 1 -Primera lección paga primero, por cada diez monedas que ganes, primero date uno a ti no importa cuánto ganes reserva al menos el 10% de tus ganancias para la inversión, antes de gastar en otra cosa.

Ahora puedes decir, pero todo lo que gano no es mío, bueno lamentablemente no lo es. El gobierno toma su parte primero y luego tú, pagas el alquiler ,el seguro etcétera ,en el libro hay una analogía entre gastos y esclavitud es una forma muy poderosa de ver todos los gastos, mientras esclaviza a alguien más si gano tres mil dólares al mes y pago mil por el alquiler, significa diez días como esclavo para mi arrendador ,dos días para mi compañía de seguros ,para mi proveedor de internet ,etcétera y así es como la mayoría de nosotros terminamos pagando a todos los demás, pero no a nosotros mismos.

Ahora un grupo de personas que lee esto va a decir que el 10% es demasiado para ahorrar para la inversión ,si estás en este grupo imagina el siguiente escenario" imaginemos que irás a trabajar mañana y tu jefe te dice que la empresa esté en una situación muy mala y que tiene que despedirte o tú debes de aceptar trabajar con un 10% menos de salario", estoy seguro de que estarás muy enojado y te quedarás así por un tiempo, pero no vas a renunciar a tu trabajo después de un tiempo te adaptas a la nueva situación y ni siquiera sentirás la diferencia en la calidad de tu vida personalmente creo que no tienes que comenzar con un 10% incluso puedes comenzar con un 35 por ciento lo importante es comenzar con cierta cantidad para comenzar a entrenar tus músculos ahorradores .

Otra analogía poderosa es ver cada dólar o sol peruano que guardas e invertirlo como un nuevo soldado que agregas a tu ejército que va a luchar día y noche incansablemente para capturar a otro soldado que trabaje para ti y ese soldado recién capturado también luchará para capturar a otros, este proceso continuará pero si comienzas a gastar, entonces comenzarás a matar tus propios soldados ahora me gustaría contarte mi opinión sobre esta lección ,porque es la idea central del libro muchas personas que leen el libro comienzan a ahorrar un 10% e invierten a largo plazo y confían en esta estrategia para enriquecerse. Hice lo mismo yo también, pero luego lo detuve y esta es la razón cuando inviertes en el interés compuesto a largo plazo requiere de mucho tiempo para ver el resultado y la mayor parte del resultado llega a la etapa final de tu vida, cuando ya eres viejo por ejemplo si inviertes 100 mil dólares con un 10% durante 40 años sus ganancias finales serán de 4.2 millones lo que suena genial, pero lo que la mayoría de las personas no se dan cuenta es que después de 30 años de ganancias sólo de 1.7 millones, después de 20 años es de 672 mil dólares si todo va bien puedes ganar mucho dinero ,confiando en el interés compuesto e invirtiendo a largo plazo pero aquí está la gran pregunta realmente quieres ser rico cuando tengas 65 años ,quieres conducir el automóvil de tus sueños cuando tengan 65 años no te conozco pero yo no quiero eso, quiero disfrutar la vida cuando soy joven, cuando hay energía vital dentro de mí no digo que ahorrar un 10% e invertir a largo plazo no funcione ,no funciona y para muchas personas es una excelente manera pero si eres joven y quieres hacerte rico mientras eres joven entonces ahorrar un 10% e invertir a largo plazo, podría ser no tan buena opción.

Esa es la razón por la que dejé de invertir a largo plazo y comencé a poner mis ahorros del 10% en oportunidades comerciales

Número 2 - Sólo toma consejos de personas que sean expertas en ese campo el libro ilustra ,esto con una historia del personaje principal que invierte su dinero con comerciantes extranjeros de joyas que prometieron traer joyas raras a bajo precio ,fue estafado y trajo joyas falsas si me preguntas diría que no es suficiente confiar en los expertos, debes comprender la industria y hacer tu propia investigación antes de reunirse con un experto mi experiencia me ha enseñado tres grandes lecciones sobre los expertos especialmente en el campo financiero.

En primer lugar, los expertos son las personas que son contratadas por la empresa y cobran por la empresa entonces de quién va a defender los intereses de mí o de la empresa que paga su salario, por lo tanto, generalmente soy escéptico sobre lo que me están ofreciendo, porque lo que están ofreciendo generalmente es lo mejor para la empresa no para mí.

En segundo lugar, cada vez que algunos expertos me dicen que este es el mejor producto para invertir ,siempre le pregunto si él invierte personalmente en él y si esto es una gran oportunidad la mayoría de las veces lo que encuentro es que él está tratando de vender algo que no se come él mismo, las mejores oportunidades de inversión no requieren publicidad en folleto de hecho las mejores oportunidades de inversión ni siquiera salen de la sala de la oficina se consumen internamente cuando una empresa de bienes raíces o su empleado encuentra la mejor propiedad ,él no va y la anuncia en un sitio web.

Si puede lo compra él mismo o se asegura de que se ha comprado internamente por su compañía o colegas a su alrededor.

Mi tercera elección con los expertos es sobre "las tarifas", las tarifas son los asesinos de tus ganancias especialmente a largo plazo, sin embargo, la mayoría de las tarifas de tiempo se introducen como un punto menor por lo general dicen es sólo una tarifa del 1%, no es mucho o no es un gran problema, pero déjame darte un ejemplo y verás como la tarifa del 1% hace una gran diferencia a largo plazo. Digamos que tu abuela te regala a ti y a tu hermano cien mil dólares a cada uno ,ambos piensan que son jóvenes y que no necesitan el dinero ahora por lo que deciden invertirlo a largo plazo su hermano investiga y encuentra una compañía que cobra una tarifa del 1 por ciento y paga un interés del 11 por ciento ,sin embargo tú no investigas e inviertes con una compañía que cobra una tarifa del 2% y también paga un interés del 11 por ciento, avancemos rápidamente a 30 años y veamos cómo el 1% de diferencia las tarifas impacta tus ganancias después de 30 años, las ganancias totales de tu hermano serán de alrededor de un millón 744 mil ,pero tus ganancias serán de un millón 326 mil como puedes ver todo es igual sólo el 1% de diferencia lleva a 418.000 menos de ganancias en comparación con tu hermano. En otras palabras, pierdes el 23.9 por ciento de tus ganancias debido a la diferencia de 1% en las tarifas.

Número 3 -Las personas que toman medidas se vuelven más afortunadas, porque hacen su propia suerte, la suerte a menudo toma la forma de una oportunidad que debes aprovechar en el momento adecuado, los hombres de acción que aprovechan rápidamente las oportunidades y aprovechan al máximo son los que tienen suerte ,la procrastinación sobre la toma de decisiones sólo lleva arrepentimientos, los procrastinadores y los hacedores enfrentan la misma cantidad de oportunidades lo que los distingue, es la cantidad de oportunidades que intentan tomar.

La diferencia entre ellos es que el procrastinador comienza a pensar que el hacedor tuvo suerte o que nació en la familia correcta, tenía la genética correcta etcétera, hace varias semanas estaba hablando con un amigo y comenzamos a platicar sobre un libro llamado piense y hágase rico, me dijo que había visto a muchas personas comprar y leer este libro, pero nunca había visto a nadie volverse rico ,estaba tratando de demostrar que las ideas en ese libro no funcionan con lo que no estoy de acuerdo, creo firmemente las personas no se enriquecen porque no toman ninguna medida, leen el libro comienzan a decir algunas afirmaciones establecen objetivos visualizan y eso es todo ,lo que hacen no toman la acción, quieren ganar un millón de dólares de la lotería pero ni siquiera toman medidas y compran un boleto de lotería .

Ahora no recomiendo comprar un boleto de lotería para hacerse rico de hecho nunca compre un boleto de lotería en mi vida, pero incluso si tu objetivo es ganar la lotería requiere de una acción que consiste en comprar el boleto de la lotería, muchas personas creen que se visualizan constantemente una vida rica de alguna manera el dinero aparecerá mágicamente en su puerta y cuando no sucede dicen que piense y hágase rico es una basura, si quieres tener suerte si quieres ser rico, "actúa".

Número 4 - No desees una suma global de efectivo, trabaja para lograr un flujo de caja consistente muchas personas desean heredar dinero o ganar una lotería, pero cualquier suma global de efectivo que ganen eventualmente se reducirá a cero y volverán a la quiebra, muchas personas que reciben una suma global, gastan la cantidad total.

Dentro de un año probablemente hayas visto personas que siguen una dieta estricta y pierden muchos kilos en un corto periodo de tiempo, pero después de un tiempo vuelven a su forma y dieta anteriores ,porque no desarrollaron los sistemas y hábitos necesarios .La parte más loca es que generalmente las personas que obtienen riqueza repentina no están mejor que cuando comenzaron su moda a nivel de vida y todo lo demás es sorprendentemente el mismo hacerse rico es como aprender a andar en bicicleta una vez que lo aprendes nunca lo olvidas y nadie puede quitarte lo aprendido, incluso después de muchos años ,aún puedes montar hace unos días estaba escuchando a un señor que dijo puedes quitar todo lo que tenemos ahora y dejarnos sin nada en el medio de la nada y estaremos en el mismo lugar después de un corto periodo de tiempo, me encantó su actitud y creo que explica muy bien el mensaje principal de esta lección.

Número 5 - Invierte en tu habilidad para ganar más, qué significa esto realmente significa que debes dedicar tu tiempo a mejorar tus habilidades conocimientos y capacidad, para ganar más dinero este es una de las reglas de oro, pero se puede pasar por alto el ser constante, la mayoría de las personas dejan de aprender una vez que terminan la escuela otros son aprendices de por vida.

Hasta que mueren a los 90 años, sigue aprendiendo y mejorando esto les dará una gran ventaja con el tiempo, mientras que el trabajador promedio se va a casa después del trabajo para mirar televisión, no hacen nada para mejorar.

Número 6 -Perderás dinero si dejas que la avaricia nuble tu juicio, hay una diferencia entre tener grandes sueños y dejar que tus sueños y tu codicia influyan en tus decisiones, una vez que la avaricia se hace cargo comienzas a creer cosas poco realistas e ignorar los hechos, "quieres que sea tan cierto" que dejas de preguntar cosas más locas se han logrado antes, pero eso no significa que aceptes la promesa de que alguien te ofrezca retornos mágicos, eso es una estafa.

Si estudias a los inversores exitosos como Warren buffet verás que son muy conservadores con sus inversiones, prefieren construir lentamente en lugar de apresurarse a una oportunidad arriesgada.

Si tengo que resumir este libro en dos oraciones serían, primero ahora invierte el 10% de lo que ganas con personas y empresas que son hábiles en su oficio para que ganes dinero.

segundo piensa en cada dólar que ganas como un trabajador que trabaja para ti asegúrate de que funcione para ganarle más dinero no menos ,ahora sobre el autor Georges claxon no fue una de las personas más ricas de su tiempo por lo que genera un escepticismo saludable y te hace decir que lo hace creíble para dar consejos financieros tras la investigación resulta que el libro no fue escrito realmente durante la era antigua que se muestra en el libro de hecho George ,lo escribió en 1926 un par de años antes de la gran depresión, no hay mucha información sobre George class lo que sí sé es que no fue una de las personas más ricas durante su tiempo porque los magnates de los negocios como Carnegie Ford y Rockefeller, vivieron durante esos tiempos y probablemente sepas cuan rico será a pesar del escepticismo ,eso no significa que los principios estén equivocados ,según lo que he visto muchos otros millonarios y multimillonarios dicen cosas similares sobre la creación y preservación de la riqueza cuando estás leyendo un libro es muy importante diferenciar el mensaje y el mensajero el autor del libro es el mensajero y lo que dice es el mensaje .

Todo el mundo puede crear activos y conseguir ingresos pasivos de esta forma puedes prácticamente ganar dinero sin trabajar hay varias opciones para hacer esto y en este libro te explique algunas, pero aclarando las dudas acá hay más formas te diré a algunas de ellas comenzamos.

Primero tengamos claro que es un activo es todo aquello que te da dinero, sin que tú tengas que hacer nada para conseguir esto tienes que poner tu dinero a trabajar para ti, si creas varios activos puedes lograr tu libertad financiera y obtener dinero sin preocupaciones una vez los has puesto en marcha siguen proporcionando te dinero sin tener que dedicarles más recursos así obtienes ingresos mientras haces otras cosas ya sea trabajar viajar o incluso dormir hay diferentes tipos de activos que generan ingresos pasivos conseguirás dinero sin trabajar sin más te muestro algunos ejemplos de esto.

Número 1. _ Pensión, es una de las formas de conseguir ingresos pasivos más conocidas la mayoría de los trabajadores obtienen una pensión cuando se retiran, aunque también se puede conseguir dependiendo del estado por una incapacidad laboral por el fallecimiento de un familiar directo etcétera esta es una opción que la mayoría tendrá algún día, pero te seguimos mostrando otras opciones que tú mismo puedes crear.

Número 2._ Bienes raíces ,los inmuebles no son activos siempre tu vivienda habitual no es un activo, porque no mete dinero en tu bolsillo lo saca sin embargo si compras un inmueble y lo alquila se convierte en un activo que está generando ingresos pasivos dentro de esta categoría se incluyen viviendas, oficinas, locales y plazas, pero existen otras formas de obtener rentas por bienes raíces también es un bien raíz un campo de fútbol que se alquila para su uso una pista de patinaje o una piscina por ejemplo sin embargo cuando nuestro bien raíz necesita trabajadores como un salvavidas para la piscina o personal de mantenimiento se convierte en un negocio.

Número 3. _ Máquinas, hay diferentes tipos de máquinas en las que puedes invertir como máquinas de café expendedoras de comida o bebida, debes colocarlas en sitios donde puedan ser rentables como bibliotecas, oficinas o universidades.

Número 4._Los negocios son otra de las formas más comunes de obtener ingresos pasivos ,sin embargo mientras trabajas en tu negocio no será un activo simplemente eres un autónomo recuerda que los activos meten el dinero en tu bolsillo sin que tú tengas que hacer nada es cierto que si no disponen de un gran capital quienes crearon negocios tendrán que trabajar pero debería ser una etapa transitoria y posteriormente tendrías que delegar tu trabajo a los empleados ,cuando no estés trabajando para tu negocio pero te siga dando dinero se habrá convertido en un activo lo ideal para crear negocios y que se conviertan en tus activos sería que trabajes en ellos durante la etapa de creación y delegue sus funciones en trabajadores capacitados para llevar el negocio lo antes posible.

Número 5. _ Propiedad intelectual, hay muchos activos que puedes generar a través de tu propiedad intelectual, puedes escribir un libro electrónico y venderlo en línea crear un blog y cobrar por publicidad crear un software patentar un invento etcétera.

Número 6. _ Redes de mercadeo, los negocios piramidales o multinivel ofrecen grandes posibilidades, aunque es cierto que algunos se han aprovechado de la estructura de este tipo de negocios para realizar estafas, según cuáles sean tus habilidades personales y tu red de contactos este tipo de negocios puede generar unos buenos ingresos pasivos.

número 7. _Máquinas de juego, es otro tipo de inversión en máquinas muy rentable puedes invertir en tragaperras ruletas o máquinas de apuesta es más complicado encontrar el lugar adecuado para estas máquinas en ocasiones se necesitan licencias especiales

Número 8. _ Cuentas corrientes por mantener tu dinero, en una cuenta corriente cobras intereses el problema es que los intereses obtenidos son especialmente bajos y a menudo ni siquiera superan la inflación, pero si tienes una buena cantidad las cosas pueden cambiar a tu favor.

Número 9. _ Depósitos bancarios para mejorar la rentabilidad que se obtiene por mantener el dinero en una cuenta corriente, puedes optar por un depósito bancario a cambio de mantener tu dinero en el depósito durante un tiempo determinado obtienes intereses mayores de los que cobraría por tener tu dinero en una cuenta corriente.

Número 10. _Máquinas recreativas puedes invertir en la compra de billares, futbolines o máquinas de juegos virtuales y cobrar por su uso en salones recreativos y bares.

Número 11. _ Invertir en la bolsa al comprar acciones de una empresa que reparta dividendos cobras una cantidad anual por mantener esas acciones en tu poder para saber la rentabilidad que obtendrás, puedes consultar los dividendos de la empresa hay muchas empresas muy estables con buenas ganancias muy superior a la rentabilidad que obtendrás por depósitos bancarios, aunque estarás expuesto a un riesgo mayor además de invertir en acciones puedes invertir en fondos para diversificar.

Número 12. _ Préstamos entre particulares, existen algunas plataformas a través de las cuales puedes prestar tu dinero a particulares los intereses que cobras por prestar tu dinero son altos, pero existen riesgos de pérdida de la inversión por morosidad puedes buscar en línea estas plataformas que funcionan muy bien.

Número 13 ._Maquinaria pesada, algunas pequeñas y medianas empresas no le sale rentable comprar maquinaria pesada ,puedes invertir en maquinaria especializada y alquilar la inversión puede ser más alta pero las ganancias son excelentes y sin trabajar, así pues te he mostrado para que puedas crear tus propios activos y ganar dinero sin mayor esfuerzo como estos hay muchos más activos que tú mismo puedes crear y al fin de cuentas conseguir lo que siempre buscamos la libertad financiera recuerda que la cima no llegarás superando a los demás, sino superando te a ti mismo. Esfuérzate para lograr tus metas, nunca te rindas, el enemigo es uno mismo.